# 岁月留痕 心向阳光

——拥有一颗教师的心

崔美芳 著/

山东教育出版社

图书在版编目（CIP）数据

岁月留痕 心向阳光：拥有一颗教师的心 / 崔美芳
著．—济南：山东教育出版社，2019.6
ISBN 978-7-5701-0669-1

Ⅰ. ①岁… Ⅱ. ①崔… Ⅲ. ①中学语文课-教学研究-
文集 Ⅳ. ①G633.302-53

中国版本图书馆CIP数据核字（2019）第121353号

SUIYUE LIU HEN XIN XIANG YANGGUANG
——YONGYOU YI KE JIAOSHI DE XIN

## 岁月留痕 心向阳光
### ——拥有一颗教师的心

主管单位：山东出版传媒股份有限公司
出版发行：山东教育出版社
地址：济南市纬一路321号　邮编：250001
电话：（0531）82092660　网址：www.sjs.com.cn
印　　刷：济南万方盛景印刷有限公司
版　　次：2019年6月第1版
印　　次：2019年6月第1次印刷
开　　本：720毫米×1020毫米　1/16
印　　张：13
印　　数：1-1000
字　　数：190千
定　　价：28.00元

（如印装质量有问题，请与印刷厂联系调换）印厂电话：0531-88985701

## 崔美芳 / Cui mei fang

山东莱州人。山东省淄博第七中学教学副校长，语文教师，正高级教师，山东省特级教师，淄博市有突出贡献的中青年专家，淄博市首批名师工作室（高中语文）主持人，山东理工大学课程特聘教授。

曾获得山东省教学能手、淄博市教学能手、淄博市学科带头人、淄博市优秀教师、淄博市"十佳师德标兵"、淄博名师、振兴淄博劳动奖章等荣誉称号与奖项，是山东省工会第十五次代表大会代表。开发了"信息技术与教材深度整合——基于网络的专题读写课程""唐诗宋词伴我行""高中语文美育指引"等校本课程，主持并参与省、市、国家级多项课题研究，有多篇论文在《中学语文教学》《中学语文教学参考》《中国教师》《山东教育》等期刊上发表。

当我们第一次走上三尺讲台，面对那一双双渴望的眼睛，我们心潮澎湃，有兴奋、有激动、有自豪，但更多的是责任与使命，于是，我们怀揣"捧着一颗心来，不带半根草去"的虔诚，满腔热情地扬起教育与学习的风帆，开启了教育事业的航船。日升日落，春去秋来，我们把希望凝聚成力量，在永不止息的追求中激发出最大的潜能和创造力，向着教育的幸福彼岸远航，风雨兼程，义无反顾，岁月留痕，心向阳光。

——作者

# 目 录

# 第四章　"本真"教育 / 127

# 第五章　点亮心灯 / 163

# 序一

## 心有所系　行有所为

1987年，我执教哈师大中文系87级写作课时，美芳同学曾给我留下深刻印象。那时她端庄淑静，才思敏捷。犹记得在课堂上，我把她的习作《我的母亲》推荐给同学们，我和全班同学被她习作中的母亲的大爱深深感动了。事隔多年，现在想来，美芳同学身上体现出的真诚、善良、坚韧、刚毅等素质应该源于她的母亲。

大学毕业时，美芳同学义无反顾地选择了中学教育岗位。据说，在高考填报志愿时，她在所有志愿栏里填写的都是师范，当一名老师是她的梦想。那时我就相信：在中学教育的广阔天地里，她定会大展宏图。

时光荏苒，美芳同学从事中学语文教学也已经28年了。28年来，她不忘初心，牢记使命；传道授业，孜孜不倦；著书撰文，勤奋耕耘。她是一个阳光女孩，一路走来，永远朝着太阳。翻看她的书稿《岁月留痕　心向阳光——拥有一颗教师的心》，我时时能感受到她对教育的执着、对学生的挚爱、对校园的一往情深。看到她的进步、成长和她取得的不凡业绩，我由衷地感到欣慰和骄傲。书中的各个章节，真实地记载着她的足迹和成果。

"'味道'语文"，体现了她对语文教学的艺术追求与思考。可以看出，对待语文课堂教学，她就像一个严谨的工艺师，用心地研读每一篇课文，精心设计课堂教学的每一个环节。从中我们不难体会她对语文的挚爱，对语文课堂教学韵味的执着追求。英国哲学家、教育家怀特说："要使知识充满活力，不能使知识僵化，这是一切教育的核心问题。"作为一名高中语文教师，面对高考的压力，能有如此的热情与坚持实属不易。

"'精神'导师"，展现的是她班主任工作的心路历程与情感表达。爱是教育的灵魂，只有融入了爱的教育才是真正的教育。作家冰心曾说过："有了爱，便有了一切，有了爱，才有教育的先机。"师爱是学生树立良好品质的奠基石，在教师精神的引领下，在教师人格与真情的感染下，学生便会在潜移默化中少一份冷漠，多一份温情；少一份庸俗，多一份浪漫；少一份功利主义、实用主义，多一份理想主义、英雄主义。我想，师生"精神"交融的岁月，定会成为彼此人生中最难忘最温暖的回忆。

"'诗意'成长"，集中展现了她研修学习中的心得与体会、感召与鼓舞、反思与成长，从中可以看出她的职业追求和职业素养。确实，教师的幸福源自心存诗意地走上专业化道路，她的山东省特级教师、正高级教师、名师工作室主持人等荣誉，无一不印证着一个真理：作为教师，只有走专业化道路，才能真正实现专业知识和专业技能的提升与发展，真正体会到教师职业的幸福与快乐。

"'本真'教育"，通过对她承担的教育创新项目的介绍，体现了她作为名师工作室主持人的责任与担当、示范与引领、带动与辐射；"点亮心灯"，是她的教育随笔，是日常教育教学的心灵闪光、点滴体会和工作纪实。

心有所系，系于莘莘学子；行有所为，为在教书育人。"岁月留痕，心向阳光"，是她的教育理念，也是她的人生态度。生活的大树万古长青，我相信，美芳同学的教育生涯定会鼓舞和激励更多的后来人献身于振兴民族的教育事业。

哈尔滨师范大学文学院教授：吕福田

2019年2月

# 序二

# 执着的追求者

我相信，机遇就是运气迎头碰上了你的努力，机遇总是垂青那些有准备的人。有人说机遇是可遇而不可求的，其实并非如此，机遇对每一个人来说都是公平的，它总是垂青有准备的人。我认为，有准备的人首先是了解自己，并从自身出发，有适合自己的发展目标的人；有准备的人还是真正热爱本职工作，务实求新的人；有准备的人更是在专业领域内专心致志，孜孜以求，持之以恒的人。我们学校的崔美芳老师就是这样的一个人。

崔美芳老师热爱教学、关爱学生。因为热爱，她深入钻研教材，用心上好每一节课，她沉浸其中，也乐在其中，所以她有自己的发现，有自己的独到见解，走出了一条有自己个性特点和教育思想的语文教育之路；因为关爱，她与学生一起沐浴阳光，她坚信每个学生都是一个世界，秉持"没有爱，就没有教育"的理念，让学生的心灵成为会开花的树，构建起学生的心灵家园。

崔美芳老师喜欢读书。苏霍姆林斯基曾说："无限相信书籍的教育力量，是我教育信念的一个信条。"她坚信，读书是教师的发展之本、科研之根、生存之道，读书应该成为教师，尤其是语文老师的一种生活方式。正是因为喜欢读书，坚持读书与思考，崔美芳老师才在专业上有了长足的发展：成长为山东省特级教师和正高级教师，担任淄博市首批名师工作室（高中语文）主持人，被山东理工大学聘为课程特聘教授。

崔美芳老师善于积累。俗话说，聚沙成塔，集腋成裘。一个教师的成长过程就是一个不断学习，不断积累的过程。积累是成长的源泉，是创造的基础，没有积累就没有发展，没有积累就没有创造，更谈不上优秀。她不仅善于学习，更善于积累，是一个教育教学上的有心人。从备课到上课，从教学感悟到研修日志，从与学生的日常交流到主题班会，从教育实践到反思总结，她把心灵的每一次闪光和点滴智慧拾起并收藏，日复一日，年复一年，达到厚积薄发，在成就学生的同时，充实自己。

翻阅崔美芳老师的书稿，掩卷退思，我不禁为她的笔耕不辍而叹服，也为她的执着追求而感慨，更为她真心热爱本职工作，踏踏实实走过每一步而感到欣慰，我想这就是一个执着追求者对事业的操守吧。

崔美芳老师一直在努力，《岁月留痕　心向阳光——拥有一颗教师的心》是对她28年教育教学之路的最好诠释，也是其人生的美好延伸……

山东省淄博第七中学校长：袁健

2019年3月

# 1

## 第一章

# "味道"语文

　　好的课总有一种"味道"。要想让语文课有味道，教师就要运用头脑和智慧，立足于语文学科特点，想办法集中并保持学生的注意力，或在文本感悟上独具慧眼，或在教学设计上别出心裁，或在课堂操作上另辟蹊径……总之，要打开学生心灵的天窗，让智慧与情感的阳光洒满学生的心田，让学生沉醉于语文的魅力当中。

# 让语文课有一种味道

最近，听了省优质课一等奖获得者上的一节观摩课，课上得有新意，有实效，有韵味，令人久久难以忘怀。听完课，我在听课本上记下了这样一行字：让语文课有一种味道。

的确，好的课总有一种味道，那么我们语文老师该如何让语文课有味道呢？教育家约翰·洛克说："教师的巨大技巧在于集中与保持学生的注意力。"俄国教育家乌申斯基说："注意是心灵的天窗。"要想让语文课有味道，教师就要想办法集中与保持学生的注意力，打开心灵的天窗，让智慧与情感的阳光洒满学生的心田，让学生沉醉于语文的魅力当中。现结合教学实际谈谈能体现语文课味道的两个方面，以见一斑。

## 一、导语的味道

导语的味道来自于巧妙的设计，新课导语设计是需要智慧的。好的导语犹如好的乐师弹琴，第一个音符就悦耳动听，能起到先声夺人的效果，迅速提升学生学习的兴趣。设计导语的做法有很多，笔者比较推崇以下几种做法：

一是回顾已有知识设计导语。回顾旧知识是导入新课的常用方法。如在讲授《致橡树》时，可以这样设计导语——"本诗歌单元，我们领略了伟人毛泽东的万丈豪情，体味了诗人艾青的赤子情怀。而此刻，我们还将与一株美丽的木棉树相逢，倾听一位不平凡女性发出的爱情宣言"。这样的导语简洁、凝练，不仅点明了前两篇课文的风格，也交代了新课的主要内容，引起学生对前两节课内容的回忆，从而更好地投入到新课的学习中去。

二是渲染情境设计导语。教师用文学语言描绘画面，渲染气氛，创设情景，引导学生想象和联想，引领学生进入新课内容。有老师在讲授鲁迅的小说《祝福》时，会运用这样的导语："大雪漫天，狂风怒吼，爆竹声声。在现代文学人物画廊里，艰难地走出一位衣衫褴褛、面容憔悴、神色悲哀、白发蓬乱、目光呆滞的四十上下的女人。那又瘦又长的左手提着一个装着只破碗的竹篮，干枯的右手挂着一支下端开裂的长竹竿。她，就是祥林嫂——鲁迅著名小说《祝福》中的主人公，一个惨遭封建宗法思想和封建礼教迫害的旧中国农村劳动妇女的典型形象。今天我们就来学习鲁迅先生的小说《祝福》。"这样的导语给课堂笼罩上了一层浓浓的感情色彩，使学生的心灵受到感染，很快沉浸到课文的学习之中。

三是结合对作者和作品的评介设计导语。我听过一位教师在讲苏轼的《赤壁赋》时是这样导入的："苏东坡是一位全才。林语堂在《苏东坡传》序言中说，苏东坡是个秉性难改的乐天派，是悲天悯人的道德家，是黎民百姓的好朋友，是散文作家，是新派的画家，是伟大的书法家，是酿酒的实验者，是工程师，是假道学的反对派，是瑜伽术的修炼者，是佛教徒，是士大夫，是皇帝的秘书，是饮酒成癖者，是心肠慈悲的法官，是政治上的坚持己见者，是月下的漫步者，是诗人，是生性诙谐爱开玩笑的人。"听了这些话，学生会被苏轼的才华、情怀所打动，自然就产生了学习苏轼文章的强烈欲望。

以上几种导语设计，体现了老师的匠心，有内涵，有韵味，这样的导语才能真正引起学生的兴趣，把他们带入文章情境，给他们以启迪，丰富他们的阅读情感。笔者以为，导语设计要遵循这样几个原则：简洁、紧扣文本或作者、激发兴趣、感情充沛。

## 二、问题切入点的味道

著名语文教育家吕叔湘先生说："成功的教师之所以成功，是因为他把课教活了。"的确如此，要想把课教活，就应结合教材和学生具体实际设计好问题切入点，问题切入点的设计艺术能够"以少胜多""以点带面""牵一发而动全身"，是教学有无吸引力、效果是否显著的关键之一。

特级教师宁鸿彬在讲《分马》的时候，开篇就提出一个问题："同学们想一想，题目叫'分马'合适吗？你能不能给课文换一个新题目？"一个问题一下子激起了学生的兴趣，几分钟的沉寂之后，同学们开始了"分驴""分牲口"的争论与理由的阐述。

朱熹说："读书无疑者，须教有疑。"宁老师的一个问题不仅点燃了学生思维的火花，而且带动了对全篇内容的学习，教师整堂课教起来游刃有余，学生学起来有滋有味。深究一下，这样有味道的课无疑来源于教师自己对文本的深刻理解、个性化的解读，来源于对文本入乎其内而又出乎其外的创造性重构。问题切入点不是轻易就可以找准的，我们必须在反复钻研教材、熟知学生心理的基础上，因文而异，才能设计出巧妙的有味道的问题切入点。具体方法有三：

一是从理解文章中心入手。课标提出，教师是学习活动的组织者和引导者。教师应转变观念，更新知识，不断提高自身的综合素养。应创造性地理解和使用教材……

特级教师王玉强在指导青年教师参加优质课比赛时总会说："你先不要看教参，也不要看别人的设计，你要读十遍课文，首先要用自己的心去体味作品，就是把自己的心贴近作者的心，贴近作品人物的心。你要能读出每一句话背后的意蕴，就能上好课了。"这就是说，教师要善于挖掘出文字背后作者的思想，要深刻理解文章的中心。

我以《记念刘和珍君》一课为例说明。用心阅读文本会发现，作者两次写"我也早觉得有写一点东西的必要了"，又接着写"我正有写一点东西的必要了"。这样几乎完全相同的语句接连出现了三次，这与表现文章中心有什么关系呢？反复阅读思考——"有写一点东西的必要"，就如一把钥匙，它的反复出现，给了我们理解全文以启迪，运用它就能迅速解读全文，从整体上准确追踪作者的思路，把握文章的脉络，体会作者的思想感情以及所要表达的中心思想。于是，课堂教学中，在让学生找出或直接指明"作品中几乎完全重复的语句"之后，引导学生思考："一向讲究用语简练的鲁迅为什么要这样'啰唆'？""三次'有写一点东西的必要'中'必要'的具体内容是什么？""'也'针对什么而言？""'正'怎么理解？"然后指导学生结合这样的语句出现的前后语境，反复阅读，对照分析，相机理解词句。在这一教学过程中，通过读议、演示、品味作者遣词造句的准确性，学生感悟到作者悲痛的悼念、愤怒的情绪、沉痛的教训和"更奋然而前行"的思想情感。有了从理解文章中心入手的深入思考与探究，就有了优美的教学线条和有味道的教学设计。

二是从形象与理性的相互转化入手。特级教师程翔说："形象的文字用理性来提升，理性的文字用形象来阐释，这就是教学的最佳艺术。"例如，在教韩少华的散文《记忆》时，有老师抓住作品中这样的句子："一个献出自己的芳华，也要向人间启示出'春华秋实'的哲理的人，那枝头硕果就是他赠予耕耘者的甘美的记忆。一个走进沙漠，也肯为狂渴的同行者捧上自己的水囊的人，他就把清淳的记忆留给朋友。一个将自己烧成灰，也要洒向大地，为生存者酝酿着稻谷香的人，他就不会从后人的记忆中泯灭。"这是一段理性的句子，如何将其变成形象的句子让学生更好地理解呢？为此，老师着重分析了文字要突出表现的几类人：第一类，突出的是为人类奉献智慧的杰出的人，应指鲁迅、冰心、巴金、陈景润、袁隆平等人；第二类，突出的是为他人奉献幸福的平凡的人，应指李素丽、徐虎、彭加木、《七根火柴》中的无名战士等人；第三类，突出的是为正义牺牲自己的高尚的人，应指刘胡兰、邱少云、布鲁诺、苏格拉底等人。

于是，教师有了这样的设计：运用多媒体，分别列出巴金、刘胡兰、冰心、布鲁诺、李素丽五位人物的头像，先让学生认一认，然后问："这些人物属于哪一类人呢？为什么？"这一设计体现了教师独特的教学艺术思想，将理性的文字形象化。

三是从文体特点入手。从文体特点入手解读文本是教学中不容忽视的问题。各种文体有其独特的表达方式，教师从文体特点的角度钻研教材，可以为教师解读文本打开一个崭新的天地。例如教一篇新闻课文可以用这样的问题切入："你能不能用一句话概括本课内容？你能不能用一段话概括本课内容？"其实，答案就是标题和导语，这就突出了新闻的特点。

当然，有味道的问题切入点不一定都要老师设计，老师可以引导学生大胆提出问题，因为"提出一个问题往往比解决一个问题更重要"。学生开始设计的问题可能比较浅陋，这就要求老师适当地做些引导，将学生设计的多个"小问题"整合成一个有味道的"大问题"，在求精、求美、求深、求活中让自己的语文教学别开生面，余味无穷。

# 在文本细读中触摸语文之美

一位年轻教师准备参加优课评选，跑来问我：如何上出新意？我的回答是：认真研读文本，学会探究发现。叶圣陶曾指出："语文教学中的一大任务是教师要引导学生会读书，让学生'潜心会本文'。"语文是丰富而灵动的，是充满着内蕴和情感的，要想引导学生感受语文的魅力，教师须得先"潜心会本文"，在文本细读中触摸语文之美。

## 一、在无疑处设疑

北师大教授王富仁曾说："要把文中的句号当成问号。疑问，就是一把智慧的钥匙。"北宋思想家、教育家张载说过："从无疑处有疑，方是进矣。"进行文本细读，要学会有疑而读，那么，如何在无疑处设疑呢？

1. 在关键词语处设疑

文章中的一些关键词往往可以贯串全文。李清照《声声慢》："这次第，怎一个愁字了得！"全词至此，戛然而止，既是收又是放，自然而又别致，可谓言有尽而意无穷。这是全词的关键句，"愁"当属关键词，在此可有如下设问：作者是借助哪些景物表现"愁"的？她的"愁"包含哪些内容？一个"愁"字不能了得，怎样才能概括得了？这样在疑问与思考中把握全词的内容，了解作者的经历，理解全词的真正内涵，方可游刃有余，引领学生走近李清照，踏着她字字珠玑的诗句，探索她的内心世界……

2. 在看似平常的文字中设疑

王安石有诗云"看似寻常最奇崛"，阅读教学中要在看似平常或看似闲笔的文字中看出绝妙。史铁生的《秋天的怀念》一文中："母亲喜欢花，可自从我的腿瘫痪后，她侍弄的那些花都死了。"此句看似闲笔却极富深意——"我"的双腿瘫痪后，母亲侍弄的花为什么都死了呢？母亲为了照顾瘫痪的"我"，宁愿把一切精力和心思都花在"我"身上，而放弃了自己钟爱的花。这句话从侧面烘托出任何事物都无法取代"我"在母亲心中的地位，母亲对"我"的爱是无私的。

3. 在对比的文字中设疑

文章中有很多具有对比性的文字，抓住这些地方设疑，就会更深入地理解课文。毛泽东的《沁园春·长沙》中，开篇有"独立寒秋"，后文有"看万山红遍""万类霜天竞自由"。教学中可这样设置问题：为什么一开篇用一个"独"字，而描写景物时用两个"万"字？"独"与"万"有怎样的内涵？又有怎样的联系？这样的设疑可以使我们从写作背景，作者的经历，作者其他诗词创作以及作者的理想、抱负、追求、气魄等方面更好地理解课文和人物。

4. 在形象的文字中设疑

形象的文字富于表现力和生命力，在其中往往隐藏着理性的含义。汪曾祺的《胡同文化》："虾米皮熬白菜，嘿！"一个"嘿"字极为形象，读到此处我们自然要驻足，要思考，要设问：此句表现了北京市民怎样的心态？能试着模仿一下"嘿"的语气和情态吗？一个"嘿"字，使读者如见其色、如闻其香、如尝其味，极其形象地刻画出北京市民享受虾米熬白菜这道美食时那种无限向往、无限满足的神态，表现了北京人"易于满足，他们对生活的物质要求不高"的心态。文中还有："睡不着，别烦躁，别起急，眯着，北京人，真有你的！""眯着"尤为形象，此句概括了北京人怎样的生活态度？作者对这种态度是赞赏还是否定？或者两者兼而有之？这样设疑，我们既能真切地感受形象，又能在思考中得到理性的提升。

5. 在理性的文字中设疑

理性的文字比较抽象，相对难以理解，在此设疑往往会起到意想不到的效果。韩少华的《记忆》中有这样三段文字：

> 一个献出自己的芳华，也要向人间启示出"春华秋实"的哲
> 理的人，那枝头硕果就是他赠予耕耘者的甘美的记忆。
>
> 一个走进沙漠，也肯为狂渴的同行者捧上自己的水囊的人，
> 他就把清淳的记忆留给朋友。
>
> 一个将自己烧成灰，也要洒向大地，为生存者酝酿着稻谷香
> 的人，他就不会从后人的记忆中泯灭。

如何更好地理解这三段文字、教好这三段文字，着实需要动一番心思。不妨这样设疑：这三段文字要突出表现哪类人物？这三类人物在现实生活中对应着谁呢？有了这样的思路，教学就好设计了。这也体现了一个特别的阅读教学思想：理性的文字形象化。

## 二、剖开事物看内里

记得朱自清先生曾说，写作要细致入微，要把事物掰开来看，看看里面究竟有什么。要言别人之未言，言别人之不能言。作为教学者在分析作品时也应把作品分析细致，把作品正面、背面所要表现的内涵理解透彻；要分析出作品、作者的个性来。

我曾读过一本书，书名叫《书痴范用》。书中讲道，一生爱书如痴的出

版家范用，对装帧设计工作要求特别严格，要求设计者一定要了解并熟悉书的内容，把握书的性格，这样才能做好工作。

作为教学者，要把握课文的性格，分析出作品、作者的个性，就要深入研究文本，既能入乎其内，又能出乎其外，深入浅出地提出问题。雨果的《悼念乔治·桑》中有这样几句：

    她像巴贝斯一样有着一颗伟大的心，她像巴尔扎克一样有着伟大的精神，她像拉马丁一样有着伟大的灵魂。

在此我们不妨设置如下疑问：在这里"伟大的心""伟大的精神""伟大的灵魂"是同一个含义吗？作者为何把乔治·桑与这三个人比较？基于这样的阅读探究，课堂上我们可以有这样的设计：请把三个"伟大"背后的内容写出来，作者把乔治·桑与巴尔扎克等人比较说明了什么？作者要说明乔治·桑同他们一样伟大，毫不逊色；他们都是推动社会政治、文学、历史发展的人，他们都是思想家。作者在这里运用类比的方式，肯定了乔治·桑的地位与价值。

这样，就读出了深刻，读出了文字背后的东西。海明威把文学创作比作漂浮在大洋上的冰山，他说："冰山运动之所以雄伟壮观，是因为它只有八分之一在水面上。""冰山理论"在文学创作中增加了作品的深度和厚度，阅读时需要我们探幽发微，透过字面上的八分之一，领悟八分之七的言外之意。

《荷花淀》作为一篇战争小说，有水一般温柔的主人公，有渗透在文字背面的夫妻之情、家国之爱和民族大义。丈夫临行嘱托一处，作者写到女人鼻子有些酸，但她并没有哭，而是控制住自己的感情；丈夫的嘱咐句句在理，女人轻轻地连答两次"嗯"，答应了丈夫最重要的一句嘱托——"不要叫敌人汉奸捉活的。捉住了要和他拼命。"这两个"嗯"字一诺千金，颇有分量，意味着女人摆正了家庭和民族的关系，勇敢地挑起丈夫留下的进步、识字、生产的重担；"流着眼泪答应了"，则传神地表现出女人此时复杂的思绪和宁为玉碎不为瓦全的民族气节。

歌德在谈到阅读时有一句经典的话:"经验丰富的人读书用两只眼睛,一只眼睛看到纸面上的话,另一只眼睛看到纸的背面。"在文本细读中探寻那"八分之七"的"背面",恰恰就是语文的魅力所在。

我们提倡细读文本,并不是漫无目的、毫无重点的散步式的细读,或是对某些细节的过度专注、过度纠结、过度阐释,相反,处处精细,就是扼杀精细。细读文本要注意以下三点:

一是要牢记起点和终点。吕叔湘先生说:"文本细读就是从语言出发,再回到语言。"这就是说文本细读的出发点是语言,归宿还是语言。细读文本,要在语言之间走上一个来回。从语言文字出发,到思想情感;再从思想情感出发,重新回归语言文字。要用语言的眼光去看文本,见人所未见,发人所未发。

二是要抓住重点,把握教育价值。我们提倡以文本为核心,以多元姿态亲近文本,开掘作品的多侧面内涵。这并不等于可以完全弃作者的创作意图于不顾,而且,一篇课文的教学时间有限,我们不可能对多方面的感受一一充分展开。所以,我们在对文本进行多元解读时,还得考虑教学的重点,抓住主导倾向,把握好教育价值。

三是要从文本走向生本。教师细读文本的目的是为教学服务,所以,我们在阅读文本时要时时换位思考:如果让学生来读这个文本,他们会怎样解读?他们有哪些不懂的地方?他们会提出什么问题?如果发生理解错误,我们怎么去引导?文本很重要,但生本更重要,文本细读要从文本走向生本。

有了这样的文本细读,教师面对课堂、面对学生,才会底气十足、信心百倍,才会游刃有余、出神入化,才会真正引领学生走进语文的世界。

# 选好"切口"，注意"开掘"，培养学生学习能力

新课程标准明确提出："改变过于强调接受学习、死记硬背、机械训练的现状，提倡转变学生的学习方式，培养学生主动参与、乐于探究、交流合作的学习态度。"如何落实新课程标准的要求，提高学生学习能力，这是我们每一位语文教师应该认真思考的问题。反思我们以往的教学，究竟应该给孩子们留下什么呢？我们认为，那应该是一种乐趣、一种享受、一种对语文奇境的探索和渴望。经过多年的语文教学实践，笔者认为，在课堂教学中选好"切口"，注意"开掘"，是培养学生学习能力行之有效的方法。

那么，在实践中如何操作呢？著名语文教育家吕叔湘先生说："成功的教师之所以成功，是因为他把课教活了。"的确如此，要想把课教活，就应结合教材和学生具体实际进行教学设计，而切口与开掘的教学设计艺术能够"以少胜多""以点带面""牵一发而动全身"，是教学有无效率、学生学习能力能否得到培养的关键之一。切口的选择有很多角度，也有不少方法，现归纳几种，以见一斑。

## 一、切口选择的角度

**1. 从词语的角度选择切口培养学生学习能力**

它要求教师巧妙地抓住课文中可以贯串全文的词去设计教学方案，培养学生学习能力。如《林黛玉进贾府》一课，"进"字就是培养学生学习能力的切入点。用"进"字来贯串教学内容，可引出以下三个问题：一是"进"程中先到了哪里？后到了哪里？又去了哪里？二是行"进"时看到了哪些人？三是林黛玉"进"时是怎样的神态特征？第一问，意在让学生了解贾府的环境和作者的行文结构；第二问，意在让学生把握众多人物的出场；第三问，意在让学生品味林黛玉"步步留心，时时在意"的神态。这三问培养了学生运用质疑、朗读的方法去感知的能力；找出重点句子，理解句段中的重点词语和句段整体意思的能力；对林黛玉的神态特征进行感悟、品味的能力。

从词语的角度选择切口培养学生学习能力、设计教学方案，关键是要抓住足以结构全文教学过程、铺展教学主要内容的词。一般来讲，这种词是在文中，起到突出课文主要内容的；或是反复出现在课文之中，具有一定表达魅力的；或是隐伏于课文之内，需要提炼和补充出来，同时又能表达课文特点的。以这些词语为切口，既能较好地培养学生学习能力，又能提炼出优美的教学线条。

**2. 从句子的角度选择切口培养学生学习能力**

在课文中，往往有些句子是全篇的主旨所在。这些句子或深含哲理，或饱含激情，或表达深刻的感受。所以，我们在教学时，就不能用"八股式"教法把思想、风格、情调各不相同的文章用相同的方式去教，而应灵活施教，注重培养学生学习能力。如归有光的散文《项脊轩志》，"借一阁以寄三世之遗迹"，全文所写的都是日常生活中的小事，追念的是三代人（祖母、母亲和妻子），但读起来却没有一点散漫琐碎的感觉，反而显得非常凝练集中。教学过程中，教师引导学生抓住"然予居于此，多可喜，亦多可悲"这一关键句来研究文本，探究"喜"在何处，"悲"在哪里？引领学生品读项脊轩以往的"小""旧""漏""暗"与修葺后的"亮""雅""静"，尤其是对轩中幽静气氛和月夜景色的描写，以及课文极具艺术感染力的最后两段，反复阅读，对照赏析，理解文言词句。"然予居于此，多可喜，亦多可悲"，就如一把钥匙，给了我们阅读全文的启迪。运用它，就能迅速解读全文，从整体上准确追踪作者的思路，把握文章的脉络，体会作者的思想感情。在这一教学过程中，通过读议、品味、展示等活动，培养学生自主、合作的学习能力，让学生真切感悟到作者从琐屑事件的叙述中抒写出的至深情感，从平淡情景的描绘中表现出的悠远意趣，从而引发心灵的共鸣，这样学习探究能力的培养就水到渠成了。

3. 从段落的角度选择切口培养学生学习能力

针对课文的不同特点，可选取课文中的关键段、精美段、深刻段、疑难段、知识内容丰富段、手法巧妙段等"有嚼头"的段落进行细致深入的品读教学，以培养学生学习能力。如《项链》，学生读完小说感到写得很美，但又不知美在何处。针对这种情况，可以把学生的注意力引向小说结尾。结局是出人意料的，是偶然的，然而，"所谓偶然的东西，是一种有必然性隐藏在里面的形式"，由此，让学生分组寻求小说"偶然性"结局背后的必然性因素，即小说中的暗示、伏笔等，然后组织学生交流评议。这一切口，提纲挈领，带动了师生对小说全篇脉络的理顺和探求。为了让学生更深刻地领悟小说布局上的这种艺术匠心，可就此进行课内课外的勾连，给学生介绍类似的名篇。如契诃夫的著名短篇《凡卡》，其全部魅力就在一个绝妙的结尾上。小说《凡卡》和《项链》一样，结尾大放异彩，可以说这不是故事的结束，而是故事的延伸，选择这样的切口组织教学，可以使整堂课前后呼应，余音缭绕，令人回味无穷。

通过自主阅读、分组收集信息、处理信息、表达与交流等探索活动，学生的学习能力自然得到了提升。

## 二、切口选择的方法

### 1. 比较切入法

比较，可以激发学生探新求真的兴趣，可以促进学生求同存异思维的发展，从而提高学生鉴赏的能力。分析《荷花淀》的人物性格可用比较的方法切入。小说的主要人物是一群青年妇女，白洋淀边的这群纯朴的农家女都对自己的丈夫一往情深，这是她们的共性，但爱的内容、表达爱情的方式却迥然不同。由此切入，可以很好地引导学生去探求，究竟有哪些"不同"。对话仅仅是只言片语，但人物的不同形象却跃然纸上。海明威说，作品有如冰山，"冰山在海里移动很是壮观，这是因为它只有八分之一露在海面上"。要从只言片语中分析人物的性格、情感，就要引导学生设身处地地去探幽发微，透过字面上的八分之一去揣摩人物心理，体验人物感情，领悟八分之七的言外之意，使分析讨论走向深入。

### 2. 问题切入法

"问题"是引导学生开展探究性学习的源头活水，找准问题切入点，就可将"要我做"变为"我要做"，从而挖掘学生主动学习的潜能，更有效地培养学生学习能力。这就要求老师设计的问题一定是"牵一发而动全身"的关键问题，是"一问能抵许多问"的主问题，而不是那种浅层的琐碎问题。例如裴多菲的《我愿意是急流》，这首诗结构很清晰，而内容的含蓄则是一个难点。怎样培养学生学习能力？可先让学生找出每一段中的两个（或三个）意象，然后让他们根据字面意思将意象联系起来，并用简笔画的形式来表达。第一组同学把五段十一个意象列在黑板上了，善画画的同学上黑板，将悟出的意象之间的关系勾勒在自己的创意中。然后，教师进一步启发学生用语言揭示出二者的关系。最后，启发学生认识裴多菲作为爱国诗人对祖国的满腔热忱和奉献精神。这样，一首难懂的诗，便很容易为学生所理解了。一节课学生始终处在积极思考、踊跃回答问题的兴奋中，并且有很多新鲜的创意。教师如果能这样用问题来切入，关注学生值得体验的内容，提供学生体验的时间与空间，就能促进学生全面、持续、健康的发展。

当然，切入课文的"问题"不一定都要老师设计，老师可以引导学生大胆提出问题，因为"提出一个问题往往比解决一个问题更重要"。学生开始设计的问题可能比较浅陋，这就要求老师适当地做些引导，将学生设计的多个"小问题"，整合成一个能够培养学生学习能力的"大问题"。

课堂教学中培养学生学习能力的切口不是轻易就可以找准的，我们必须在反复钻研教材、熟知学生心理的基础上，因材施教，设计出更多更妙的切口。

从实践的角度探索语文课堂教学中对学生学习能力的培养，必须注意"开掘"。"开掘"要讲究"深化"、"呼应"和"灵活"。

讲究"深化"，就是要求教师在"品读细腻深入"上下功夫，运用各种手段，选择各种角度，对所选之"切口"进行足够的充分的品味，使之作为语言学习的范例在学生心中刻下深深的烙印。讲究"呼应"，就是要求教师决不要离开全文去单独"突破"课文中的一处或一段，因为这实际上是对课文的一种肢解，切口的内容必须与课文的其他部分相联系、相呼应，点外要有面，这样的"切口"才有价值。

"灵活"是一个很高的教学境界。真正要使教师的"教"和学生的"学"都活起来，非得抓住一个"时"字不可，在引导学生对课文进行"开掘"时，教师不失时机地进行启发诱导显得尤为重要。记得有这样一个传说：苏东坡的妹妹苏小妹与秦少游新婚之夜，苏小妹要考考这位才子郎君，提出上联"闭门推出窗前月"，要秦少游对出下联，方能入洞房。三更鼓响，秦少游依然答不出来。这时，苏东坡看到秦少游的窘态，就叫家人向水里投了一块石子。听到石子入水，看到水中的波光，秦少游见景生情，顿时思路活了，马上对道："投石冲开水底天。"下联对得太妙了！秦少游下联对得妙，苏东坡的"投石"之举更妙，妙就妙在苏东坡抓住秦少游的思路，在适当时机"投石"。我们教师在引导学生思考、"开掘"时，不妨也学学苏东坡的"投石"艺术，抓住时机，开拓出语文教学"活"的局面。

总之，"切口"与"开掘"完全突破了传统课堂教学的满堂灌，把对学生学习能力的培养推向实践。它求精、求美、求深、求活，掌握了它，将对提高课堂教学的综合效益，促进学生的全面发展起到良好的推动作用。

# 理解虚构，阅读小说的一个基本路径

让学生抓住并理解"虚构"这一根本特质，是小说教学的一个难点。在教授鲁人版高中必修三欧·亨利的小说《最后的常春藤叶》时，我尝试着进行了探索，并因此收获了一份惊喜。

上课伊始，在学生充分预习并对小说人物和故事情节有了整体感知的基础上，我设计了这样一个问题："同学们，如果琼珊来到我们面前，你想对她说什么？"这个问题立刻引起了学生的兴趣。学生凝神思索后，踊跃发言。学生的发言按照我的预设顺利进行，正当我要表扬大家并做小结进而转入下一个教学环节——分析贝尔曼人物形象时，一向好问的晴云同学提出质疑："老师，琼珊靠一片叶子活下来，这现实吗？"问题一出，同学们一片哗然。她身边的赵杰附和道："对呀，得了肺炎的琼珊靠一片叶子活下来，这不可能！"

我当机立断，放弃原来的教学计划，就此问题组织教学。

师："刚才晴云同学提出了一个很有深度的问题，体现了她对人物、对课文深入而独到的思考。那么，同学们如何看待这个问题呢？"

学生展开讨论，交流看法。

生："琼珊靠一片叶子活下来确实不现实，但这是小说，是文学创作，是虚构的，不是现实生活。"

生："对，不能把小说，把文学创作等同于现实生活。"

大部分学生表示赞同。这时，一位学生大声说："其实这也是现实生活，至少有现实生活的影子。"大家都望向他，我趁机表扬道："'现实生活的影子'，说得非常好！请谈谈你的看法。"

他有些激动，说道："琼珊靠一片叶子活下来，我们可以怀疑情节的真实性，但现实生活中，当我们遇到挫折，遇到病痛，心情落寞或失去希望的时候，身边的亲人、朋友、老师和同学的关心和鼓励往往会让我们重新鼓起勇气、树立信心，从而战胜挫折和病痛，就像文中的琼珊靠一片叶子、一种精神支撑着活下来一样。"

这位学生的发言引起同学们的共鸣，不少学生表示赞同。我借此进一步强调："说得好。是啊，现实生活中信念、理想、希望等随时影响着我们的身心，也就是说，现实生活中精神的力量对于生命的作用毋庸置疑，所以欧·亨利是用文学的虚构来反映生活的真实。同学们，这就是小说这一文学作品的根本特征，小说创作允许虚构。同学们的讨论说出了小说创作与生活的关系，有见地！"

我边总结边梳理思路，进一步追问："让琼珊靠一片叶子活下来，作者这样写是为了表现什么呢？请大家再读课文，小组讨论一下，阐释自己观点时要言之有据。"

学生开始翻书研读，有的搬出参考资料补充佐证，课堂讨论热烈，气氛活跃。随后小组代表发言。

生："常春藤叶对琼珊来说是一种精神寄托。琼珊认为当叶子飘落时，自己的生命也将结束，可是这片叶子并没有落下，这给了她信心，使她坚定地活了下去。这样写是要表现精神寄托的重要性。"

生："我们认为作者这样写是要表现希望的力量。'经过了漫漫长夜的风吹雨打，仍旧有一片常春藤的叶子贴在墙上。它是藤上的最后一片叶子。'这引发了琼珊对生命的思考，对陷入绝望的琼珊来说是极大的鼓舞，促使她重新振作起来，奇迹般地活了下来。只要心存希望，总会有奇迹发生。"

师："说得好！叶子与琼珊之间的关系说明了作者这样写的目的——表现精神寄托的重要性，表现希望的力量。还可以从别的方面说一下吗？最后一片叶子是谁画上去的？"

众生："贝尔曼。"

师："那对于贝尔曼来说，最后一片叶子意味着什么呢？"

众生："是他的杰作，是他的绝笔。"

师："能具体阐释一下吗？"

生："贝尔曼在听完苏艾讲述琼珊的故事后，在凄风苦雨的夜里，拖着虚弱的身体，画上了一片'永不凋落'的常春藤叶，而自己却因此患上肺炎，一病不起，'最后的常春藤叶'成了贝尔曼的绝笔和杰作。"

师："很好。所以，从这片叶子中，我们还可以看到哪些宝贵的品质？"

众生："友情、善良、舍己为人的精神、爱的奉献。"

师："对！从墙上最后的这片叶子中，我们看到穷苦朋友相濡以沫的宝贵友情和普通人的美好心灵，贝尔曼用他的奉献，苏艾用她的友善共同托起了琼珊的生命。作者通过最后一片常春藤叶礼赞了真诚的友谊、舍己为人的精神，这是对美好人性的呼唤。看来，作者之所以这样写还要表现——"

众生："对美好人性的赞美与呼唤。"

师生默契，彼此脸上流露出快乐的表情。

可就在这个时候，平时爱思考的李铭同学犹豫着站起来说："老师，我不明白，为什么欧·亨利的经历那么坎坷，而他写的小说却这么美好？"随后，他拿出预习时找到的参考资料，把欧·亨利的生平经历读了一遍。

我意识到这是让学生全面、深刻理解作家作品的好机会，便趁机引导：

"是呀，长期生活在社会底层的欧·亨利经历了这么多辛酸与不幸，也看到了许多底层小人物的辛酸，可为什么他的小说结局这么美好呢？"

生："为了给人希望。"

生："为了给人信心。"

此时，我看到学生们期待的眼神，看到他们"心愤愤""口悱悱"的表情，于是，我进行归纳总结——

师："对，欧·亨利并没有把这种辛酸写出来，而是写了他理想中的样子：一片叶子可以挽救一个人的生命。他是把艰难的底层生活中的美好加以放大，用自己的理想为我们架设了一个生命的支点——无论什么时候都不能丧失希望，要珍爱生命。李铭同学能联系作者的身世经历进行思考提问，做到了'知人论世'，不简单，我想在大洋彼岸九泉之下的欧·亨利一定会感激大家的。"

学生们听后开心地笑了。

师："我们要感谢晴云和李铭两位同学，他们提出的问题不仅让我们明白了文学作品与现实的区别与联系，更让我们深刻地理解了这篇小说的主题内涵、意义价值。欧·亨利用他高超的艺术手法和崇高的人格理想为我们唱响了一曲生命的赞歌。这就是伟大的作家、伟大的作品。《最后一片常春藤叶》是欧·亨利于1908年创作并发表的，这个故事历经百年，仍然让广大读者为之动容、为之赞叹。欧·亨利连同他的小说，就像一片永不凋零的常春藤叶，在世界文学史上展示着永恒的生命之绿。"

短暂的静默之后响起了学生真挚而热烈的掌声。我知道这掌声是老师、学生、作家思维碰撞而引发的心灵"共鸣"，是问题解决后的释然、欣然。反思这节课，我有如下感悟与收获：

## 一、及时抓住学生小说阅读的障碍点，为学而教

《最后的常春藤叶》是一篇感人肺腑的短篇小说，我已教过几届学生，

从来没有学生提出过"得了肺炎的琼珊靠一片叶子活下来好像不可能"这样的问题。没想到，这次一上课就有了让我惊讶的一问。但我立刻意识到，学生的"节外生枝"是有道理的，提出的问题是有价值的，这应该是对小说类文本的根本特征——"虚构"进行深入探究的契机。

著名教育家叶澜教授曾指出，课堂应是向未知方向挺进的旅程，随时都有可能发现意外的通道和美丽的图景，而不是一切都必须遵循固定线路而没有激情的行程。特别是课堂上某些"意外"，稍纵即逝，如不及时点拨，那是非常遗憾的。

课前我预设达成两个教学目标：一是通过分析人物形象探究小说的主人公性格及小说标题的内涵；二是学习欧·亨利的叙事艺术，尝试进行情景写作。然而，学生出乎意料的问题打破了我原有的教学进程，学生阅读小说的难点——如何理解虚构，是我备课时没有充分考虑到的。如果课堂上晴云同学没有提出那样一个问题，这节课就会按照课前的预设按部就班地进行，学生只能跟着老师事前的预设亦步亦趋，课堂虽流畅却没有生机；另一方面，从上课伊始学生对我提出的"如果琼珊来到我们面前，你想对她说什么"这个问题的回答来看，学生对理解贝尔曼这个人物形象并没有难度，这提醒了我，教学重点的设定既要注意到文本本身的重点——小说的虚构性，更要根据学生实际调整课堂教学的重心，真正做到关注学情、为学而教。

## 二、把握小说本质特征——虚构，理解主题内涵

吕叔湘先生说："成功的教师之所以成功，是因为他把课教活了。"这句话向我们阐释出教师运用教学智慧捕捉课堂生成的良机，不断判断、重组，让课堂教学在更贴近学生实际的阅读状态中"活"起来，能够收获意想不到的惊喜。

调整后的课堂教学，学生真实的阅读体验得到尊重。面对"琼珊靠一片

叶子活下来,这现实吗?"的问题,我马上意识到这是学生最初的阅读感受,所以课上我当机立断,放弃原来的教学计划,采用步步推进的办法来解决问题。首先反问:"那么,同学们如何看待这个问题呢?"就此引发大家展开讨论,积极交流、发言,在交流碰撞中,学生理解了琼珊靠一片叶子活下来虽不现实,但这是文学创作,是源于生活而又高于现实生活的虚构,进而明确了文学创作与现实生活的关系。

随后我引导学生转入对小说主题的探究上来:"让琼珊靠一片叶子活下来,作者这样写是为了表现什么呢?"这一追问使课堂再次"活"起来,学生的注意力转向文本,自主深入研读,有的学生还搬出参考资料补充佐证。学生的思维得到激发并在碰撞中飞扬,呈现出多样的立体的思维特征,课堂教学达到了有效促进学生全面、深入地理解欧·亨利这篇小说主题内涵的效果。

### 三、探究作者为何这样虚构,加深对生活的认识

课上的又一个意外:"老师,我不明白,为什么欧·亨利的经历那么坎坷,而他写的小说却这么美好?"李铭同学的"不明白"促进了课堂新的生成,我抓住这个机会再次发问:"是呀,长期生活在社会底层的欧·亨利经历了这么多辛酸与不幸,也看到了许多底层小人物的辛酸,可为什么他的小说结局这么美好呢?"以此引领学生理解作者虚构的小说世界永远有着一抹鲜明的亮色,有着人性的温暖,进一步阐释出这篇小说的主题内涵、意义与教学价值。

课堂在渐次推进中,解决了学生一个又一个的疑问,并使学生深刻感受到了伟大作家欧·亨利高超的创作艺术、高尚的人格和崇高的社会使命感。学生在"活"的课堂中学有感悟、学有收获、学有发展。

这节课,我能够及时抓住小说阅读的根本,课堂的生成也就拥有了智慧的灵光。我相信,最后的一片常春藤叶定会像一面绿色的旗帜,在学生心灵深处熠熠生辉。

# 一路花雨一路情

## ——谈《绿》的景与情

"一切景语皆情语。"好的景物描写，无不景中有情，情景交融。著名作家朱自清的《绿》就是这样一篇情景交融的散文。跟随着朱自清的笔触，你会看到作者用那双妙手，撒下纷纷扬扬的花雨，把沿路景色装点得分外动人。同时，你还会在那些美景中触摸到作者心灵的颤动。

《绿》写于1924年，这时正是北伐战争前夕，作者关心着中国社会的前途，保持着五四时期勇于进取的激情，反映在他的作品里，则表现为格调疏朗，节奏明快，充满了生命的活力，洋溢着勃勃的生机。字里行间蕴含着作者对自然、对生命、对祖国的真挚的情和爱。

作者寄寓在散文中的情感，是随着行文过程逐步展开和深化的。全文选了三个观察点，由远而近写梅雨瀑、梅雨亭和梅雨潭。"走到山边"，首先听到的是水声，"哗……"悦耳动听，韵味无穷，让人感受到了音乐美。"呈现于眼前"的是"镶在两条湿湿的黑边儿里的，一带白而发亮的水"，这里作者是就形和色来写的，一个"镶"字便把瀑布的形态展现在你的眼前。

　　"坐在亭边",面对瀑布近看,"那瀑布从上面冲下,仿佛已被扯成大小的几绺",这时的瀑布不再"整齐而平滑",而是飞流直下,充满了生命的活力。细看瀑布溅起的水花,犹如"白梅","微雨似的纷纷落着"。然而,作者从切身体会中觉得像杨花,"点点随风飘散"。"二月杨花满路飞",微雨似的水花,犹如二月杨花,轻盈繁密,带来春天的温馨。这里作者把秋景秋色写得"不是春光,胜似春光",伸开双臂拥抱这"春光",你会感觉到作者思想的脉搏在跳动,会看到一颗热爱生命、热爱祖国的赤子之心。

　　绿是生命的象征、青春的标志、希望的所在。"梅雨潭"的绿"招引着我们",我们的心"随潭水的绿而摇荡",作者一唱三叹地惊呼,"那醉人的绿呀""我想张开两臂抱住她"……作者陶醉了,因奇异的绿而陶醉。作者运用一系列的比喻、比较、拟人,驰骋联想和想象,尽情写绿。其中,"少妇""处女""鸡蛋清""碧玉",这些词语无一不显示着生命的活力,预示着美好的未来。最后,作者反复强调"我舍不得你",要拍"你",抚摩"你",掬"你"入口,吻"你",叫"你""女儿绿",忘情亲昵到了极点,表现了作者难以抑制的强烈的惊喜之情。

　　情感是艺术的生命。"没有情感这个品质,任何笔调都不能打动人心。"回眸《绿》中花雨缤纷的一路美景,你所感受到的正是饱含于作者笔下的积极向上的激情。

# 再谈《风景谈》的民族精神

茅盾的散文《风景谈》从问世以来，一直受到人们的喜爱，成为传诵不朽的现代散文名篇。今天再次捧读，依然被它感动。文章产生于抗日战争最艰苦的年代，热情地颂扬了党领导下的解放区军民质朴坚强的崇高品格，表现了中华民族坚不可摧、浴血抗敌的民族精神。

## 写高原归耕、延河夕照，歌颂自力更生的革命精神

面对国民党的经济封锁，解放区军民没有退让，在中国共产党的领导下自力更生渡过了难关。放眼黄土高原，"在蓝的天，黑的山，银色的月光的背景上"走来了"晚归的种地人"，人走过之后，又飘来了"缭绕不散"的"粗朴的短歌"；还有生产归来"用同一的音调，唱起雄壮的歌曲"，把"爽朗的笑声，落到水上，使得河水也似在笑"的人们。这就是延安儿女，他们以劳动创造为乐，充满革命乐观主义精神，充满生命力，这是何等的崇高伟大，这也正是中华民族精神之所在。

### 写石洞雨景、桃林小憩，歌颂追求革命真理的崇高精神

荒山、泥水、石洞成了风景区，是因为这里有一对解放区的青年男女，他们在这样艰苦的条件下，仍"头凑在一处"看"札记簿"。作者颂扬他们"是两个生命力旺盛的人，是两个清楚明白生活意义的人"，他们"不倦怠，也不会百无聊赖，更不至于从胡闹中求刺激"，这是何等高尚的品质！还有，"半爿磨石、几尺断碣"也成了风景区，是因为来这儿休息的一群青年男女"不知道消磨时间为何物"，有的还是走过"天下最难走的路"的人。这就是解放区的青年，这就是"纯洁而勇敢的祖国儿女"。在艰苦的条件下他们仍抓紧时间学习，追求革命真理，他们是"内生活极其丰富的人"，他们的"高贵精神的辐射，填补了自然界的贫乏"……这是怎样的一群热血青年，这是何等的自强不息的民族精神，难怪作者发出了"人创造了第二自然"的强烈喟叹。

### 写北国晨号，歌颂坚强勇敢的民族精神

听——"嘹亮的喇叭声，破空而来"，看——小号兵高度警觉。

荷枪的战士"犹如雕像一般"站在自己的岗位上。这就是我们的战士，他们严肃、坚决、勇敢，给人以希望、信心和力量。所以，作者热情讴歌他们，赞颂他们是"民族的精神化身"，是"伟大中之最伟大者"。是啊，正是他们，这些党领导的英雄儿女，在对敌斗争中团结合作，英勇顽强，才使中国一步步走向光明。

《风景谈》是一篇优美的散文，但它更是一部爱国主义的好教材。自力更生、团结奋斗、坚决勇敢，这蕴含在文章中的崇高的民族精神，将永远激励着中华儿女为美好的未来而奋斗。

# 作文教学点滴

在语文教学中，作文是重要的一环，而对学生来说，作文又是一大难题。如何解决这一问题呢？德国著名教育家第斯多惠认为：教学的艺术主要在于"激励、唤醒、鼓舞"而不是"传授本领"。因此在作文教学中，应致力于激发兴趣、唤起热情，使学生从内心喜欢上作文。主要从以下三点入手：

## 一、指导着眼激发兴趣

学生一接触作文题，往往面露难色，怎么办？刘勰云："夫缀文者，情动而辞发。"为了激发学生的写作情感、写作兴趣，应对其进行具体生动的指导。比如一次作文，要求以"班级里少不了他"为文章的结尾，写一篇记叙文。这里规定了写作的体裁和范围，这篇文章学生都能有话可写，但倘若不注意提炼生活，就会写得淡而乏味。指导写作时，我着重给学生讲"要提炼生活"这一问题。关于什么是"提炼生活"，有这样一则故事：

一个寒冷的冬天，纽约街头徘徊着一个乞丐，他胸前挂着一个牌子，上面写着"自幼失明"。一天，这个乞丐碰到了一位诗人，说："给我点东西吧。"

"我什么也没有。不过，我可以给你另外的东西。"

于是，诗人便在乞丐胸前的牌子上写下几个字。从此以后，这个乞丐得到了人们许多施舍。后来，乞丐又碰到了那位诗人，便问："你到底给我写了什么？"

"春天就要来了，我却见不到它。"

平平淡淡的一句"自幼失明"不足以激起人们的同情心，而"春天就要来了，我却见不到它"则告诉人们：春天阳光灿烂，百花争艳，这样美好的春光"我却见不到它"，这是多么的不幸，生活给予"我"的是多么大的痛苦啊！这又怎能不让人感喟、不让人同情、不让人怜悯呢？同样一件事情，诗人以他诗化了的语言加以生动描述，从而激起了人们情感的波澜，这就是提炼生活。文学作品来源于生活，而又高于生活。写诗是这样，作文也是如此。

## 二、寻找闪光之处，扩大表扬范围

对学生来说，表扬的力量是巨大的，它最能激发学生的写作热情。教师在批改作文时，应注重寻觅学生的"闪光点"。写作尖子当然重要，他们的作文是范文，讲评时以他们的作文为示范材料可起到引导作用。可是一直表扬尖子生，不利于激发广大学生的写作积极性。所以，尤其要注意从一般和较差学生的作文中寻找闪光的东西：从遣词造句到篇章结构。比如对除语言比较通顺外一无是处的作文，应使学生认识到语言通顺是写好文章的基础，说明其有写好文章的能力，再加以正确的引导，以达到提高写作水平的目的。

## 三、巧设文题、情境，引导多读多写

朱熹诗云："问渠那得清如许？为有源头活水来。"是的，要写出好文章，就得有丰富的素材，有广博的知识和独到的见解。这就要求学生多读多写。实践证明，这是提高学生作文水平的一条重要途径。为让学生乐于阅读，勤于写作，可以经常设计一些题目或情境，引导学生多读多写。

阅读，不能仅限于读"有字之书"，更要注意读"无字之书"，即美妙的自然和多彩的社会，这是重要的"源头活水"。所以，应重视让学生写课外笔记，引导学生观察生活并学会用心灵去体验生活。作为中学生，他们在人生的道路上已经走过了十六七个春秋，他们是否体验过：春天最美的是黎明，夏天最美的是夜晚，秋天最美的是黄昏，冬天最美的是早晨。为什么印度诗人泰戈尔高喊："哦，沉睡的人，醒来吧！/赤露你的额头，等待那第一线光明的赐福，满怀欣喜的信念和清晨的鸟儿一起歌唱吧。"为什么古人用"风暖鸟声碎"来描写春景，用"夕阳无限好"来抒写秋景……

古人云："知之者不如好之者，好之者不如乐之者。"兴趣是最好的老师。笔者以为，激发情感，培养兴趣是让学生爱好作文，从而提高作文水平的一种行之有效的方法。

# 一曲菱歌敌万金

## ——谈作文立意如何出新

朱庆馀是唐代的一位诗人。在一次考试前,他把自己的诗文呈给当时的大诗人张籍评阅,以求得到赏识和推荐。张籍答诗称赞:"越女新妆出镜心,自知明艳更沉吟。齐纨未是人间贵,一曲菱歌敌万金。"从此,朱庆馀诗名大振,广为人知。

"一曲菱歌"之所以"敌万金",是因为它如同诗中的越女一样,洋溢着清新和明艳。由此联想到,学生的作文也应该立意新颖,有所突破,给人耳目一新之感,而要做到这一点,必须从以下几个方面入手:

## 一、克服消极思维定势

消极思维定势,是人在长期写作实践中形成的僵化的思维模式,它限制人的思维能力,扼杀人的创造精神。消极思维定势在学生作文中最突出的表现是构思落入窠臼,人云亦云,立意肤浅。例如写《雪》这篇文章,大部分同学的立意是赞美雪的洁白无瑕,或赞美雪泽被万物、"大公无私"为人类造福。

当然这种立意没什么错误，但没有突破传统观念或看法。如果从贬雪的角度来立意：雪是虚伪的，以其洁白的外表来掩盖世间的污秽；雪是见不得阳光的，本质是虚软的；雪是穷凶极恶的，雪压冰封，万木萧条。这样的立意就别出机杼，翻新出奇，让人感觉如同一阵清风扑面而来，精神为之一振。

消极思维定势是一种保守的思维方式。囿于这种思维方式，作者的思维活动不敢越雷池半步，写出来的作品必然缺乏个性，写人则千人一面，议论则人云亦云。所以，只有克服消极思维定势，才能活跃文思，使文章立意出新。

## 二、学会逆向思维

逆向思维，就是思维者从一个已知事物的某一特点出发，找到与其相反的另一个特点。这种思维方式能拓展思路，给作者带来广阔的思维空间，从而能正中求反，常中见新，"言前人所未言，发前人所未发"。例如，菟丝子是大豆的天敌，依靠把根扎在大豆身上，吸取大豆的汁液来生存繁衍，能使大豆减产甚至绝产。因此，它历来被视为"寄生虫"，人人得而诛之。但是从市场经济的角度看，菟丝子作为一种中药材，它的经济价值远远超过大豆。如果以此为材料写议论文，我们不妨为菟丝子正名。改革开放初期，我们引进外国的资金和管理模式，开发中国的人力和物力资源，表面看是为外资企业提供赚钱的机会，但从逆向思维的角度来看，这不是借"他山之石"来加快自身的发展吗？同理，保留菟丝子可以提高经济效益，我们何不有计划地让它发展呢？

当然，并不是任何文题都要进行逆向思维。只能在立意准确的前提下适当运用，以求提炼出有时代特色的新意，否则舍本逐末、牵强附会，只能适得其反。

## 三、进行多角度思维

苏轼有诗云："横看成岭侧成峰，远近高低各不同。"对同一事物，从不同角度观察研究，可以得到完全不同的认识。因而，对已知事物变换角度去认识，就可能发现他人尚未发现的新的特征、新的性质和新的功能。比如，以"春风"为题作文，从不同角度思考，就有不同的立意：

① 春风容易使人困倦，影响人的情绪和精力。

② 春风预告春天的信息，我们要及时努力，不要让时光白白流逝。

③ 春风催生万物，生生不息，让我们在大好春光里成长。

④ 春风带来生机与活力，使人充满信心和希望。

⑤ 老师的教导如春风化雨般滋润着我们的心田，吾爱吾师。

……

以上几个角度并非全无道理，但重要的是选择最佳角度。所谓最佳角度，即最适合题意、最富有现实意义、最能写出新意而自己又能写好的角度。再看以上几种立意，我们将它们进行比较、筛选，就可以选择出较好较新的立意。

①将春风看成是影响人情绪和精力的事物，这种态度不够积极；②和③的内容有一定的深度，但意境不够开阔，可写的材料也不会很多；④和⑤的立意比较好，充满时代气息，亦有深度有新意。这样的立意容易打动读者的心。

作文时如能紧扣问题和材料，针对现实，进行多角度思维，纵横联想，择优定向，抓住写作对象的某一侧面、某一特征来写，写出的文章才能给人以别有洞天之感。

## 四、深刻分析题目或材料的内涵

同"世之奇伟、瑰怪，非常之观，常在于险远"一样，文章的新颖立意也隐藏在材料的深层，需要作者去追根溯源，深入分析，方能凿开顽石，得其璞玉。例如以《黔之驴》为材料写读后感，学生很自然就会从批评驴子虚有其表而无一本领入题，因为这是人尽皆知的观点。我们在立意时，不妨从这一窠臼中跳出来，再深入一步想一想，驴子真无一技之长吗？答案是否定的，驴子的强项不是在山林之中与老虎搏杀，而在于拉碾负重之类。是驴子因为"一鸣""蹄之"而招来杀身之祸的吗？非也。这是所有驴子的天性使之然。那么是谁造成驴子弃长用短，从而无辜被吃的惨剧呢？是"船载以入，至则无可用，放之山下"的"好事者"，而我们的现实生活中，这样的"好事者"又何尝少呢？各种人才用非所学、用非所长的事例不是随处可见吗？这样对材料的内涵进行深刻的分析，就能使立意新颖而深刻，从而写出有新意、有见地的好文章。

# 让学生走出头脑中的圈圈

## ——谈作文材料如何出新

古人云："良桐方能斫美琴。"这里强调的是材料的重要性。由此联想到，要写出漂亮的文章，除立意新颖深刻之外，选用的材料也起着举足轻重的作用。如果材料陈旧，缺乏新意，势必令人兴味索然，所以，要让学生走出头脑中的圈圈，使作文材料新颖别致。

### 跳出旧框，避免套用旧有模式

有些同学见到作文题目，不善于纵横思考、正反思考，而是先入为主，套用比较陈旧的模式。写到好学生，多数是挑灯夜战，攻克难题；写到精神文明，多数是拾金不昧、帮助老人等等。这种刻苦型、忘我型等模型，就是长期习惯于某种体裁写作而形成的模式。局限于这种模式，文章毫无特色，难以写出新意，自然不能打动人。比如以圆的想象物为对象，写一篇想象作文。题目中给了"月亮"的例子，很多学生仿此写太阳、镜子、篮球等，没有跳出这个框框，而有的学生则能跳出这个框框，写露珠、拱桥，甚至有的写亲人墓碑前的花环。相比之下，这些材料新颖别致得多，这也正是他们的作文吸引人的原因。

所以，要使材料有新意，必须走出头脑中的圈圈，跳出旧框框，避免套用旧有模式，活跃思维，从而写出有个性有特色的文章。

## 紧跟时代，做现实生活的有心人

生活是写作的源泉。作文，尤其是考场作文既考查学生的语文水平，也考查学生的生活积累。不少同学平时不注意观察和体验丰富多彩的时代生活，临场作文时总是写那么几件事。例如，写"尝试"就写学做家务，其中又以写学做饭、学洗鞋者居多。这样百人一面，千篇一律的作文，势必使人看了感到乏味。再例如，谈"理论对实践的指导意义"就引用"万有引力定律""元素周期表"等大家耳熟能详的例子。这些例子陈旧，缺少时代气息。而有的同学则运用改革开放的方针政策和新时代中国特色社会主义思想使农村、城市发生巨大变化的例子，体现了时代特点使人耳目一新。

既然作文材料的新颖与否直接关系着作文质量的高低，那么，我们应该在平时注意积累有新意的素材，时刻留意周围的新人新事，关心报纸、杂志、电视、网络上贴近生活，紧跟时代的内容，唯有"胸中有雄兵百万"，写作时才能"召之即来，来之能战"。

## 认真思考，加以"衍化"，让旧貌换新颜

要真正"捕捉"到具有意义的新颖的材料，还需要对写作材料进行认真思考，十分恰当地对材料进行"衍化"，尤其对旧有材料进行"衍化"，做一番加工，可使之出新，让旧貌换新颜。例如，有这样一篇文章，作者引用了"黔驴技穷"的故事来说明"要为人才创造最佳外部条件，使人才充分发挥作用"这一论点。"黔驴技穷"这个故事是个老故事，可以说人尽皆知，作者运

用它时，没有取其原意，而是进行了改写，从新的角度加以叙述：驴在山东拉磨、拉车，尽显其能，而到了贵州，驴不能登山，不能越高，最后被"断其喉，尽其肉"，下场十分可悲。这样改写不但十分恰当地论述了中心论点，而且使材料清新脱俗，令人刮目相看。

当然，并不是说对任何材料都要尽脱"旧装"，为追求材料新颖而"离经叛道"。材料只能在正确的前提下加以"衍化"，使之出新，否则"为赋新词强说愁"只能适得其反。

# 扬起思维的风帆

——谈高考作文如何出新

高考作文，既是考生知识、技能的竞赛，也是思维能力的竞赛。在这场特殊的竞赛中，要想立于不败之地，就要扬起思维的帆，开拓出新境界，抒发自己对生活的独特感受，对现实生活做出独特的评价，才能写出独具特色的好文章来。要做到这一点，可以从以下几个方面入手：

## 一、构思精巧，独辟蹊径

毛宗岗在评价《三国演义》时说："文章之妙，妙在猜不着。"这种"猜不着"就体现了作者的巧妙构思。

无论是议论文、记叙文，还是散文，写作构思时必须注意"推陈出新"。构思要出新，仅仅靠简单的"求异"未必能达到目的，还需注意立意的高度和展现个性色彩。比如写青春故事，许多中学生喜欢称自己是"十六岁的花季少年"，这就落入了俗套。有的则能想道：我是一棵树，一棵有16道年轮的树，经历了16年的风雨，已不再柔弱。这样就写出了新意，有个性色彩。

## 二、关注生活，材料新鲜

卢梭说过，社会就是书，事实就是教材。的确如此，生活是无字的书，书是有字的生活。生活这部"百科全书"有着取之不尽用之不竭的养料，只有关注生活，学会用"自己的眼睛去读世间这一部活书"，伸出思想的触角主动去捕捉，才会获得新鲜的材料，写出不同于他人的"有字的生活"。

生活是写作的源泉。那么如何选择新鲜材料呢？选择新鲜材料要注意：选取刚发生不久的事，别人不常用的材料；提炼自己生活中耳闻目睹过的事，或者自己亲身经历过的事。有的同学认为自己读书少，见识有限，到了临考，不知如何才能拥有新鲜的材料。其实经过独立思考、深入思考的东西就是新鲜的东西，自身的经历也是新鲜的东西。自己的思想可以如天马行空，纵横驰骋，不会受任何东西的束缚。自己的生活经历，即使是有限的生活经历，也能为我们提供丰富的写作天地，关键在于你怎样去挖掘，怎么去认识、评价。正如路边之石，你不留意的话，那只是些极普通的石头，一旦你成为一个有心人，就会立刻发现，那没有生命的石头也会变得千姿百态、风情万种。

作文素材尽可能从自己的生活中去找，因为世界上没有两片一样的树叶，你的生活是唯一的。这样，才能写出有新意有个性的文章。

## 三、感情真挚，细节动人

老舍先生说过，叙述不怕细致而怕不生动，在细微处要显出才华。写人记事，描摹情态，如果缺了细节描写，描述的人和事就活不起来。具有典型意义的细微生活情节和细小动作、神态、语言等的变化，不仅可以推动情节发展，而且对塑造人物形象、展示人物内心世界有十分重要的作用。一个动人的细节，常能使人魂牵梦萦，难以忘怀。鲁迅在《祝福》里几次写到鲁四老爷"皱眉"，这是细节描写。孔乙己"排出九文大钱"中用一个"排"字，把孔乙己付钱时的动作写了出来，又通过这个动作，写出了他的性格，以这样的性格写出了他的社会地位。因此这个细节描写是独一无二的。

应当用积极的思维激发自己的写作激情，作者只有将自己的情感融入作文材料之中，才能发现真实动人的细节；作者只有自己被感动了，才能产生使人"怦然心动"的效果。例如有位同学描写一名大学生的父亲收到儿子的信后的情景，选用了这样的细节：赵大爷"把满是泥土的手在破袄上使劲蹭"。这个动作写了两次，读者会领悟到，赵大爷之所以蹭手是怕把信弄脏，是他对儿子挚爱的感情使然，同时也为了把信保护好，让邻居都看看。这些意思，作者没有明说，但作者用细节描写让读者感受到了。

细节作为社会生活的一个截面，不必非有大的情节不可，刻画人物，也不必非从多方面穷形尽态，只要"于细微处见精神"就可以达到目的。

## 四、选择擅长文体，展示自身才华

每位考生都有自己的特长。在驾驭文体方面，大多数考生能够"八仙过海，各显神通"。有人善于写记叙文，有人善于写议论文，有人善于写散文，而有人善于写戏剧。这样，当作文试题不做文体的具体限制时，考生便应审时度势，选择自己所擅长的文体，发挥自己的特长，变优势为胜势，去夺取高分。

总之，高考作文要取胜，功夫还得靠平时。要关注生活，思考生活，不断发现，扬起思维的帆，开拓出新境界。

# 弱水三千，只取一瓢饮

## ——写作教学中的研究性学习

研究性学习为学生构建开放的学习环境，提供获取知识的多种渠道，并使学生将学到的知识综合运用于实践中，促进学生形成积极的学习态度和良好的学习策略。"弱水三千，只取一瓢饮。"多年来，在写作教学中，笔者开拓写作教学思路，坚持引导学生进行研究性学习，取得了较好的效果。

## 一、夯实写作土壤

学生在平时作文时，最头疼的是没有什么材料可写，没有什么词汇可用，对课本上学过的材料和词汇不在意，对课外阅读中的词汇和材料又不太注意积累，缺乏对大自然的观察和对社会的关注。因此，写作时脑子里往往空空如也，更不用说创新了。由此可见，做好词句、材料的收集工作，关注自然和生活，是写好作文，让作文出新的一个重要前提。教师可引导学生做好卡片，或自编"作文材料集装箱"。留意学生作文的学生，可以确定"学生作文万花筒"这样的课题；留意课本的学生，可以确定"课本知识库"这样的课题。同时，还要注意把学生的目光引向生活，拟出"学校生活""家庭生活""自然生活""社会生活"等课题，指导他们观察大自然中的一景一物，审视社会生活的种种现象，体察各行各业实情。

通过这些研究性课题的完成，学生不仅积累了材料，开阔了视野，而且对这些材料有了更深层次的了解，在以后的学习生活中能更主动地收集材料，更多地关注生活的丰富内涵，更深入地思考社会人生，有力地夯实写作土壤。

## 二、培养写作能力

有这样一个故事：一个破产的渔民决心自杀，在自杀前，他去看最后一场戏。看戏之中，他发现台上的布景原来挂在一张网上，猛然间他想到，自己有织网的技术，能不能给布景织网呢？散戏后一打听，竟然很有市场。他绝处逢生，并从此发家。这位渔民靠自己的思维力救了自己一命。

在社会发展中，思维力起着重要的作用。鲁班的手被茅草划破发明了锯；一位画师为了方便，把一块橡皮系在铅笔上，有人受到启发发明了带橡皮的铅笔；人们为了解决圆珠笔头上的圆珠耐磨的问题想尽了办法，甚至用上了金刚石仍然漏油，有人把笔芯截短，在还不漏油时笔油已经用完了……由此可见，思维是探索真理宝库的钥匙。

写作也是如此。为什么有的人文思泉涌，而有的人却百思不得其解呢？除了必要的生活积累，其根本原因是思维力的差距。教师可引导学生结合写作实践，探索写作思维，尤其是创新思维的种类，以及进行这些思维训练的方法或途径，写出文章。对创新思维的把握，也是有规律可循的。创新思维主要包括：理性思维、发散思维（又叫求异思维）、逆向思维、联想思维、想象思维。在平时写作中常见的有联想思维、想象思维、发散思维、逆向思维。教师向学生明确了这一点之后，以下归纳总结的任务就可以交给学生了。

### 三、开启"情感"之门

作文要实行美育，开启学生的"情感"之门，这不仅是作文成功的关键，也是对青少年情感发展历程的一种有益熏陶。蔡元培先生毕生倡导美育并躬身实践美育，他在《教育大辞典》中说："美育者，运用美学之理论于教育，以陶养情感为目的者也。"因此，作文教学中要引导学生感受美、鉴赏美、创造美，从而修养性情，丰富感情。作者只有将自己的情感融入作文材料之中，才能发现真实动人之处；作者只有被自己感动了，才能产生使人"怦然心动"的效果。

在作文教学中，启发和陶冶学生的形式是多样的。观察山川名胜、人情世态，可以培养学生热爱祖国、珍惜生命的感情；叙写是非曲直、辩论善恶美丑，可以激发学生关注社会、钟情人生的激情。丰富多彩的校园文化生活，如艺术节、文艺会演、书画展览等，都是作文美育的重要课堂。朗诵海子的诗《面朝大海　春暖花开》，燃起学生强烈的写作热情，写一篇以"幸福"为话题的作文；播放一曲《秋日私语》，使每一个音符幻化成学生心中流淌的歌，让学生体会"飒飒秋风"与"簌簌落叶"的情景，写一篇关于秋的作文；唱一曲《好大一棵树》让真诚、无私之情融入学生的心田，写一篇《忘不了那份爱》；观看一场赈灾义演，让"一方有难，八方支援"的赞歌温暖学生的心，写一篇《地震无情，人间有爱》……总之，只要做个有心人，听看读写总是"情"。如果将"如何引发写作情思"或"以真心写真情"作为一个专题，让学生深入研究，收获一定不小。

### 四、发掘写作之乐

常听一些教师抱怨："外面的世界很精彩，写作的学生好无奈。"学生普遍认为：作文是老大难。写作在学生心目中，往往是枯燥乏味的。其实，一旦将它作为一项课题来做，必定会妙不可言，陡升无穷乐趣。

每个学生都有其个性，写作要注意发现与发展学生的个性，为此，可指导学生写个性化作文，使学生在天赋可及的范围里极大地发挥他的主观能动性，使学生充满写作的激情和创作的欲望，使学生的个性得到充分发展，写作风格得以充分体现。教师可将"如何写好个性化作文"或"作文创新模式"确定为研究目标，让学生自己去归纳分析。学生通过研究分析，不仅能熟练掌握自己的写作特征，而且写作时也能应用自如。

语言是思维的外壳。没有娴熟的语言技巧，如同没有精良的手艺，难以把一块将事实与思想凝聚的高级面料，缝制成一件合体的漂亮外衣。只有讲究语言技巧，才能使自己的文章富有魅力。为此，教师可将"作文语言怎样出新"确定为课题，引导学生研究。通过这一研究性课题的完成，学生的作文语言定能走出低谷，或新颖脱俗、鲜明生动，或耐人寻味、含英咀华，绽放出新的风采。这样，学生作文就不会"下笔维艰"了。

## 五、引导写作之法

加强自学能力的培养是新大纲的要求，往往具体化为对学习方法的掌握和运用，因此，在写作教学中，要致力于培养学生运用一定的方法主动地解决问题的能力。

例如散文的谋篇，要力求有个性、有匠心，这样才能引人入胜，以巧取胜。由此，可将"作文布局巧安排之法"作为课题进行研究，这样就可以达到事半功倍的效果。另外还可将"记叙文描写方法""议论文联系实际"等确定为课题，通过这些课题研究，学生既可找到方法、寻到规律，又可以提高驾驭文章的能力，增强文章的魅力。

研究性学习对老师提出的要求：

1. 立足新型的师生关系，提供民主的教学气氛。在研究性学习中，教师是行为指导者，师生之间更多的是一种互助合作的关系。教师可以指导学生的思考方向，但不能限制其思维方向；可以按自己的理解方式与学生交流，但不能按自己的主观愿望去评价学生。学生的学习过程，也是教师的学习过程，在这个学习过程中，两者的地位是平等的，要做到教学相长。

2. 改进写作及评价方法，增强学生的创造能力。教师在引导学生确立课题时，不要完全以书本为唯一的取材范围，命题应力求变化，记分应具弹性，充分运用具有发散思维的题目，鼓励学生提出多种恰当的方案，以增强其创造性思维的能力。

3. 强化终身学习的意识，提高教学层次。古人云："活到老，学到老。""书到用时方恨少。"作为教师应该"博观而约取，厚积而薄发"，在引导学生进行研究性学习时，要求学生研究的，教师也应该进行研究，而且要形成一种或多种比较成熟的看法，这样才能保证对学生的研究成果做出较为恰当的评价，提高教学的层次与水平。

# 情注笔端都是诗

　　徜徉在长长的诗歌史途中，为什么夜雨寒窗下，我们愿意拥一本诗集枯坐，却渐觉温暖？为什么失意落寞时，一首诗能够让我们抛弃许多阴霾？为什么困厄愁苦时，一个诗人的名字会让我们心中重新燃起生活的热望？为什么短短几行诗会让我们双眼噙泪？那是因为，从诗中我们读出了挚爱和深情。

　　诗必须有情，抒情言志是诗的本质属性。《毛诗序》有云："情动于中而形于言。"《文赋》有云："诗缘情而绮靡。"诗的写作，首先是诗人表达内心情思的需要，是诗人宣泄和抒发内心情感的一种变现方式。人类的情感世界广博而深厚。人生意义的最重要之点，就在于人与人之间的一种感情牵挂——亲情、友情、爱情、乡情、离情、欢情、闲情等等。

　　我们的心，无时无刻不在承受周围世界的影响，面对多姿多彩的生活和丰富的感情世界，只要你有一双善于发现的眼睛，只要你心里充满了爱，诗神就会降临到你身边。白居易在《策林》中说："大凡人之感于事，则必动于情，然后兴于嗟叹，发于吟咏，而形于诗歌矣。"有人说，"诗是诗人感情的自然流露"，诗人有了不吐不快的真挚浓烈的感情，就能"笼天地于形内，挫万物于笔端""函绵邈于尺素，吐滂沛乎寸心"。诗是诗人情感的结晶。

要写诗，必须用真情燃亮所有的诗句。当代著名女诗人舒婷的诗充盈着对祖国、对人生、对爱情、对土地深沉的爱。在《祖国啊，我亲爱的祖国》的开头她这样抒写：

> 我是你河边上破旧的老水车，
>
> 数百年来纺着疲惫的歌；
>
> 我是你额上熏黑的矿灯，
>
> 照你在历史的隧洞里蜗行摸索。

低沉缓慢，如泣如诉，从中我们可以感受到诗人内心的痛苦。但仅仅是痛苦吗？应该说，尽管痛苦，但没有放弃爱自己的祖国；尽管水车破旧，但她依然在不停地工作；尽管矿灯被熏黑，但她依然闪烁着探索的光芒。诗人以拳拳的女儿之心，表达着哀怨的深情，之后又迸发出希望的欢欣：

> 我是你簇新的理想，
>
> 刚从神话的蛛网里挣脱；
>
> 我是你雪被下古莲的胚芽；
>
> 我是你挂着眼泪的笑涡；
>
> 我是新刷出的雪白的起跑线；
>
> 是绯红的黎明
>
> 正在喷薄；
>
> ——祖国啊！

是怎样的一颗赤子之心啊！诗人充满激情的歌唱，不仅唱出了自己，也唱出了无数中华儿女为新生的、腾飞的祖国而"沸腾"、奉献和牺牲。

情感是产生诗歌的重要因素，也是诗的直接内容。著名美学家、诗人宗白华谈他怎样写诗时说：他是酷爱大自然的，天空和白云和复成桥畔的垂柳，是他亲密的伙伴。他喜欢一个人在水边石上看天上白云的变幻，心中浮动着美妙的幻想。他说："纯真的刻骨的爱和自然的深静的美在我的生命情绪中结成一个长期的微渺的音奏。伴着月下的凝思，黄昏的远想。"这便是诗人应具有的心理机制和美学素质，只有这样才能产生顿悟，使感情升腾，流注笔端，化成有生命力的诗句。艾青写过一首《礁石》：

　　一个浪，一个浪

　　无休止地扑过来

　　每一个浪都在它脚下

　　被打成碎沫，散开……


　　它的脸上和身上

　　像刀砍过的一样

　　但它依然站在那里

　　含着微笑，看着海洋……

从"礁石"坦荡的微笑、充满信心和乐观的精神中，我们不难看出诗人艾青那博大的情怀和对生活的热爱、对未来的向往。

诗必须有情感的闪光，唯有情感的闪光，才能使我们神思飘逸，进入诗性澄明的境界！从《草叶集》中，我们聆听着诗人惠特曼对自由和生命的歌唱，沐浴着诗人对祖国的挚爱，感动不已；波德莱尔的诗篇令整个虚弱伪善的西方世界震惊和惶惑，那是因为让娜·杜瓦尔这混血女子每一次带给诗人的美好感受唤起了诗人的激情和发现；一首《登幽州台歌》让我们体会了诗人陈子昂的大师气势和风范，这正是因为我们透过数行诗句体会到了诗人内心那深沉的悲怆的情思……

诗须有情，但并非所有的情愫都可以上升为诗。只有那种真挚、深沉的，与时代精神和人民意愿相符的，美好纯正、引人向上的感情孕育的诗篇，才可能成为诗中上品，成为人们心头永远盛开的玫瑰。

# 语文美育让语文教学走得更远

2015年9月，国务院办公厅发布《关于全面加强和改进学校美育工作的意见》（以下简称《意见》）。《意见》指出："美育是审美教育，也是情操教育和心灵教育，不仅能提升人的审美素养，还能潜移默化地影响人的情感、趣味、气质、胸襟，激励人的精神，温润人的心灵。"新课标与《意见》的指向是一致的。新课标指出："培养学生高尚的道德情操和健康的审美情趣，形成正确的价值观和积极的人生态度，是语文教学的重要内容，不应把它们当作外在的附加任务。应该注重熏陶感染，潜移默化，把这些内容贯穿于日常的教学过程之中。"

在多年的教学实践中，笔者始终坚持语文美育，坚持"本色语文，生命课堂"的教学思想，遵循语文教学规律，把握语文教学特点，努力赋予语文教学一种创造之美、生命之美，让学生感受到语文的魅力，在熏陶中温润心灵、滋养生命；同时也让教师自己在发现、表现和创造语文之美的过程中体验生命的快乐与职业的幸福，从而让语文教学走得更远。笔者以为，在语文教学中实施美育，教师应立足于语文课程本身，要善于挖掘教材中的美。

身为语文教师，我们真切地感受到语文课程在不断改变，但不变的是语文熔思想性、知识性、艺术性于一炉的学科特点。语文教师要善于挖掘其中的美育因素，把学生带入美的艺术境界，探幽访胜，采珠撷宝，在审美中陶冶情操、温润心灵。

## 一、语言之美

语文课的任务之一就是学生在教师的指导下，通过教材学习，正确理解和熟练运用祖国的语言文字，并从中获得认识的提高、思想的熏陶和情意的感染，因此挖掘教材中蕴含的美应首先从语言入手。

郁达夫的《故都的秋》，语言清新自然，不事雕饰。"一语天然万古新，豪华落尽见真淳。"全文没有在语言文字上故意卖弄，而是从生活中捡拾而来，平凡普通，却又是那么精当，那么韵味十足。那北国的"秋"，"来得清，来得静，来得悲凉"，而南国的"秋"正是"草木凋得慢，空气来得润，天的颜色显得淡"，几个排比式的形容词，将北国和南国之秋的特色写得精确又生动；"都市闲人"站在树下或桥影里"咬着烟管"，一个"咬"字生动地写出了他们的悠闲自得。宁静的笔触最出真情，语言之美值得品味咂摸。

朱自清的《荷塘月色》，语言贮满诗意，生动形象而又精准。比如，把荷叶比喻成舞女之裙，不仅形象，而且写出了荷叶的动态美；连续用三个比喻句描摹荷花，相同中有不同，有侧重；把清香比作歌声，比喻中又含有通感；"脉脉""风致"都是用于形容女子的词语，描写"流水"和"叶子"，是拟人的修辞手法，"流水"和"叶子"就显得妩媚动人；叠词的运用，不仅形象，且读起来节奏明朗、韵律协调，有音乐美的感觉，以"田田"形容荷叶的密度，以"层层"刻画它的深度，用"曲曲折折"表示荷塘的广度，用"蓊蓊郁郁"描写树木的繁茂等等。除了语言诗化外，本文语言还很精准，如点活了月光和雾气的"泻""浮"二字；把量词活用为形容词的"一丝""一带""一道"等，都生动精准地起到了丰富、润饰、强化形象的作用。

## 二、形象之美

立足文本特点挖掘形象之美。铁凝的短篇小说《哦，香雪》，呈现给我们的便是清纯的人物之美。纯洁的雪，散发着淡淡的香，香雪，只听名字，就有一种沁人心脾的感觉。香雪不仅是故事的中心人物，也是小说的灵魂所在。她文静、清纯、朴实，有着丰富的内心世界，又有着崇高的精神追求。作者铁凝对精神世界的无限追求在香雪的言行举止中表现得淋漓尽致，使香雪的形象平凡中见伟大，有着一种独特的美，最终成了一道亮丽的风景线。

文化散文《都江堰》，为我们塑造了引人深思的形象美。余秋雨说："看云看雾看日出各有胜地，要看水，万不可忘了都江堰。"课文不仅塑造了"都江堰"的景物形象之美，同时也塑造了李冰的人物形象之美。都江堰的美既朴素纯真又灵动活泼。千百年来，都江堰为无数民众输送汨汨清流，庇护和濡养着四川的人民，使旱涝无常的成都平原变成天府之国，永久性地灌溉着中华民族；都江堰的水股股叠叠都精神焕发，踊跃着喧嚣的生命，它美得赏心悦目，美得沁人心脾。李冰的美既体现在他的"仁慈"，又体现在他的"智慧"。他以维护普通百姓的利益、拯救百姓疾苦为己任，以毕生的实践化解了四川最大的旱涝困扰，他勤勤恳恳、任劳任怨、实实在在地为民造福；在此基础上，李冰总结出的"治水三字经""八字真言"，直到20世纪仍是水利工程的圭臬。李冰的美跨越了千年，愈加引人深思，振奋精神。

## 三、思想情感之美

一切文学作品的产生，都是作者有情而发。作品中无不饱含着作者的思想情感，渗透着作者的喜、怒、哀、乐，因此在教学中要披文以入情，用思想情感之美拨动学生的心弦，引起他们心灵的激荡。

《孔雀东南飞》堪称我国古代爱情诗的绝唱，千百年来吸引了无数读者，其动人的魅力也在于其浓烈的感情。全文从头至尾充盈着浓厚的抒情色彩：开篇托物起兴，用孔雀欲飞又徘徊渲染悲怆沉郁的气氛，为全文奠定了缠绵凄楚的基调，使读者欲罢不能；行文中抒情性地穿插"举手长劳劳，二情同依依""生人作死别，恨恨那可论"等表述，画龙点睛，更激起了人们对焦、刘遭遇的深深同情；结尾采用鸳鸯双飞的浪漫主义手法，以乐衬哀、意蕴悠长，在寄托哀思的同时又蕴涵着美好的祝愿，让人沉醉、深思、遐想。

教授孙犁的《荷花淀》，总会陶醉于那温婉细腻的人情美。人情美在夫妻话别、探望丈夫、伏击敌人等情节中尤为突出。在探望丈夫情节中女人们藕断丝连，对丈夫牵肠挂肚，让小说有了浓浓的生活情意；在伏击敌人情节中，妇女们扒着船帮看到丈夫杀敌后的欢呼，透着发自心底的爱；打捞战利品的描写让一场漂亮的伏击战充满了生活的温情。一幕幕画面充溢着人情美的温婉细腻，与青年妇女们支持丈夫参军、学夫战斗、助夫杀敌等场景汇聚在一起，让作品的人情美和民族大义、高尚的爱国情感紧密融合。

语文课程中蕴含的美是丰富的、多样的，教师应立足于教材，从文本特点入手挖掘教材中蕴涵的美育因素。与此同时，教师要加强自身审美修为。教师自身的审美素养对美育实施会起到不可估量的作用，它不仅关系到审美教育的成败，更关系到教师素质的自我完善和学生的全面健康成长。所以，教师重视并提高审美素养、加强审美修为永远在路上。

# 2

## 第二章

## "精神"导师

　　学生的大脑是一支等待被点燃的火把。从当班主任的第一天起，我就想，要做学生精神的导师，要与学生一起，在心田种下一株向日葵，让精神的轨迹始终迎着阳光。有了这样的光明指向，便能心底清澈、眼神生慧，向着最耀眼的太阳，释放生命的光芒，成就人生最美的华章。

# 你们是我生活的海洋

## ——致全班同学的一封信

亲爱的同学们：

你们好！

坐在烟台师范学院图书馆里，周围是浓浓的读书氛围，我展开信笺提笔给你们写信，此时，我忽然想起了当代诗人海子的那首《面朝大海 春暖花开》。海子这位诗人一辈子都没见过大海，但他却写出了《面朝大海 春暖花开》这首朴实、优美、耐人寻味的诗。或许你们会猜想，来到海滨城市烟台，我一定先去看海了，那我告诉你们，我还没去。我想去，但没有时间，不是因为安排的学习课程太紧，而是因为我太留恋这里的图书馆和阅览室了。

静下心来，闭上眼睛，62张脸便会出现在我的面前，像电影一样一一闪过，又一一聚拢。有时在白天，有时在晚上，有时在饭前，有时在醒后……这叫牵挂还是叫惦念，叫想念还是叫思恋，我想兼而有之吧，总之是一种美好的情感。这种情感在与你们相处时我感受到了，在与你们分离时我收获到了，我想这应该是一个人生命历程中最重要的收获。亲爱的同学们，你们让我有了这些收获，谢谢你们。

安琪，你的日记写得很认真，并能始终如一，真不简单；李荣，你一直认为自己的基础不好，但你有毅力，相信你会赶上来的；孙小鹏，你一直对自己不满，所以才有进步，不是吗？河床在不满中伸直了腰杆，真理在不满中延伸了路线；王昱翔，你谦虚又谨慎，值得我们学习；李东波、陈晨，你们既要进行艰苦的体育训练又要努力学习，真不容易啊；王坤、赵阳、边晓丽，你们三个弱小的女孩既要学专业课又要攻文化课，从你们身上，我看到了小草的精神；崔倩、陈醇，你们的微笑、你们的热情我永远不会忘记；王光环、乔萌，你们情感那么有丰富，你们的眼泪将永远感动我；王健林、关琳，你们的字进步了吗？凭着你们不服输的干劲，相信你们会赶上来的；秦琳、王珊珊，你们回答不好老师的一个小小的提问就那么内疚，从这点我看到了你们未来的希望；史文，你是带着美好的向往转到高一六班的，你凭着自己的干劲和热情已成了这个家庭中不可缺少的一员；孙焯光，你看上去是一个壮壮的男子汉，但你的作文中常有细致的观察、独到的思考；张迪，你长得那么高大，但又心灵手巧；康亮，你的身体不太好，一定要照顾好自己啊；邵剑光，你晚上休息得好吗？一定要睡好觉，白天才会有充沛的精力学习；吕丛丛、李艳霞，你们那么严格要求自己；于川、李彦，你们的作业总是那么认真；徐佳、周阳，你们那么诚实，能知错就改；卢宁、孙领弟、徐林，你们自强不息的精神令我感动；穆欣欣、苗萌，你们为咱班的精神文明建设和团队建设付出了很多，成绩也很出色，为此，我要说：咱们班的女生和男生同样了不起；王影，你的字真漂亮，值得我学习；安萌，你那么刻苦；郭巧智，你能深刻地反思自己，令我佩服；王世路，你那么喜欢音乐，相信你会在美的熏陶中更加完善自己；朱志伟，其实你很要强，不是吗？你已克服了自己的许多弱点；谢新虎，其实你的内心挺丰富的，这很可贵，要自信啊；张云涛，你挺有责任心的，更能严于律己；高祥斌，其实你对学习、对班级有一颗热心；张帆、刘林、郭杨，你们进步很大，再加把劲啊；王晓林，你在运动会中为班级立下了汗马功劳；陈超，你在学习上和运动场上同样有劲；朱林，你虽基础稍差，但没放松对自己的要求；赵文通，你一定要吃好饭，把身体长得结实些，这样才能更好地学习呀；王鹏、王威，你们那么好学善思；郑晏宗、单博、齐鹏，你们那么勤奋刻苦；王英超、王慧、于晓云、郗良刚、徐峰、崔保林、高林、陈醇、路昭，你们肩负了咱们各科学习的重担，你们辛苦了，谢谢你们。

亲爱的同学们，在我心里你们同样重要，谁也取代不了谁，你们要珍爱自己，好好努力！或许你们中又有谁遭遇了挫折，比如为被扣分而烦恼、伤心，为考试的失利不如意而忧虑、悲戚，那我要告诉你们，成功是财富，挫折、失败同样是财富。失败会使我们反思，挫折会使我们警醒，你们一定会从日常的小小挫折中警醒，逐步完善自己；也一定会从日常小考的失利中反思，在期中考试中取胜。

亲爱的同学们，请相信，在天上总有一颗小星星在为你守望，只要你在心里念着它，知道自己是人海星河里不可或缺的一员，认清方向，坚持到底，一定能成功。同学们，抓住属于你的那颗小星星吧，就像当代作家金华那样，活着，永远追问；也像当代作家毕淑敏那样，活着，就要体现生命的价值。

要想像他们一样，首先得有爱心，爱自己、爱他人、爱国家、爱人类。托尔斯泰的《生活之路》中有一段精辟的论述，他说："人也是如此，他的不幸不在于难以打败一只大熊，或者一头猛狮，或者凶恶的敌人，而在于失去他天生的最宝贵的东西——灵魂的天性和爱的能力。可怜的不是人的死亡或者他丢了钱，他没有房子、没有财产——这一切不是属于人的，真正可怜的是，人失去自己真正的财富和最高的幸福：爱的能力。"亲爱的同学们，爱自己吧，因为你很重要；爱他人吧，这会使你崇高，就像歌德那样用博爱去消融一切，用博爱去创造生命的奇迹！我相信你们能做到。

写到这里，我突然明白了，诗人海子为什么"只愿面朝大海，春暖花开"，其实这里面寄寓了他美好的人生理想："面朝大海"，多么开阔雄浑的生活境地；"春暖花开"，多么温暖灿烂的人生感受……同学们，我无须去看海，你们就是我生活的海洋，感谢你们给了我"春暖花开"般美好、幸福的人生感受。

亲爱的同学们，祝你们身体健康，学习、生活愉快！

爱你们的班主任

2001年10月19日晚于烟台师范学院图书馆

# 做学生精神的导师

## ——主题班会寄语

### 一、携手同心，为了希望的太阳

像一簇新绿，执着、昂扬，从枝叶到根须都揣着那个清新的希望。为了希望的太阳，我们走到一起，我们携手同心，创建我们共同的精神家园。抬起脚迈出这幼稚的第一步——的确幼稚，可是我们依然自豪，自豪我们毕竟是一簇新绿，宣示着无限的生机，蕴含着灿烂的希望。

我们坚信，在成长的道路上，我们会开心地接受阳光雨露，也会勇敢地迎接风雨寒霜，更会不懈地用手中的笔描绘七彩的人生。记得有一首诗写得很好："面对上天的赐予，我们都应面带庄严，只要鼓起勇气，一个普通的灵魂也会走得很远，很远……"的确，成功的路上有如意也有失意，但如果能把挫折珍藏起来，那也是人生的一种收获。只要我们携手同心，永远充满对人生的渴望，生活将带着无限的美好拥抱我们。

是的，希望的太阳将永远属于未来的我们！

## 二、让心在春天里行走

让心在春天里行走，在温润的心里种一束阳光，心就永远明亮温暖。风轻云淡，是一份心境，是一种生活的意境。一路走，一路看，春风会轻轻地告诉你："只要心真诚，不放弃，阳光就会永远温暖你。"小溪会悄悄地告诉你："一路走下去，幸福在路上，成功和快乐在不停歇的脚步里。"聆听自然物语，你会更真切地感受到跳动的生命和永恒的爱，更懂得如何坚强地走人生路。

怀着一份愉悦的心情，让心在春天里行走，生活就会永远充满快乐！生命之树也会在春天的温暖滋润下根深叶茂……

## 三、为自己的心营造一片清凉

烈日炎炎，映日的荷花在无边无际的水面上昂起甜美的笑脸，默默地用纤弱的躯体，营造一个碧水融融的清凉世界，传播着夏日的缕缕清风和对未来的无限希望。

生活有时也如骄阳般酷热无情，让人疲惫，无力前行，那就想想荷，看看荷，读读荷吧——

酷暑中，她不会逃避现实；烦躁中，她不会自暴自弃；污泥中，她不会失去操守。烈日下，她莞尔一笑，亭亭玉立的身躯便摇荡出一池的清爽，缠绵出四溢的芳华……

为自己的心营造一片清凉，任凭酷暑难耐，任凭人世喧嚣，我们都会绽放出生命美好的笑容与歌声。

## 四、为了心灵的甜美芬芳

伴着春的气息，春兰悄然绽放。你可知道，为了这生命的灿烂与多姿，春兰一路走来，不言放弃——任凭酷暑围裹，任凭百花枯落，任凭寒风肆虐。

春风吹拂，春兰幽香四溢。你可知道，为了这心灵的甜美芬芳，春兰痴痴地守候，唯美一生——以不变的温柔抚摸着人世的沧桑，以不屈的灵魂追逐着太阳的光芒。

春兰啊，你让我们不仅拥有了透彻的省悟，也积攒了蓄势待发的能量，更让我们保持了一种期待花开的心态……

## 五、绿竹风骨

长风吹过，竹林弹出清脆的音符，一片青绿，照亮了整个六月天……

从天空深处，传来悠悠的古琴声和嘹亮的长啸声，这源自那片竹林，源自竹林里聚集的七个人，他们是中国历史上第一批把青竹和人生挂钩的群体形象——竹林七贤。他们以自己的正直和率真对抗着乱世中的污浊与黑暗，追求理想化的人生。更漏流转，时空变换，不变的是他们的风骨，在中国思想史上熠熠生辉。

"宁可食无肉，不可居无竹"，一代文豪苏东坡边吟边唱向我们走来。三次人生沉浮越发使他有了"累尽无可言，风来竹自啸"的从容与淡定，有了"披衣坐小阁，散发临修竹"的超然与洒脱，竹已融进了他的生命。与青竹相伴，困境中的苏东坡彰显了他豁达的人生态度，历经百代而流芳。

伴着清清水流，郑板桥先生从竹林中向我们走来，他一生为官简肃、爱民如子，虽清贫孤寒却坚守气节。在一个疏影摇曳、清净无争的世界里，他高声吟唱："咬定青山不放松，立根原在破岩中。千磨万击还坚劲，任尔东西南北风。"高亢的声音，将竹的气概、竹的品格洒向人间……

## 六、学会倾听

九月的风拂掠而过，花瓣颤抖了一下，冥冥中它倾听到大地的呼唤，于是，它飘然而下——"化作春泥"，获得新生。

原来，倾听是一种心灵的感悟，是一种人生的智慧，也是一种生命的升华……

当山间的小溪受阻不前时，它倾听到了大海的涛声，于是便有了一个梦想，那就是曲折前进，融入大海，闪亮一生。

当枝头的果实昏昏欲睡时，它倾听到了树叶的叮咛，于是便有了一个梦想，那就是绽放笑脸，丰富自己。

当毛毛虫沉睡在坚硬的茧中，它倾听到了大自然的音响，于是便有了一个梦想，那就是破茧成蝶，舞出人生的灿烂与美丽。

学会倾听吧，只有善于倾听的人，才不会错失美景与时机，才能让梦想开出鲜艳的花。

学会广泛地倾听，你会心明眼亮；学会思辨地倾听，你会增添前进的力量；学会真诚地倾听，你会拥有爱和希望。

用心灵去倾听吧，在点点滴滴中感悟生命的美好！

## 七、生命的高度

始终忘不了著名散文家梁衡对黄山上的迎客松的描写："它拼命地吸天地之精华，探出枝叶追日，伸着根须找水，与风斗与雪斗，终于成就了自己。"逆境中，黄山上的迎客松用坚韧而又脱俗的品格，创造了一个新的生命，垒起了一段令人敬仰的生命的高度！生命，我们每个人只被赋予一次，它弥足珍贵。人生道路总是波澜起伏，迂回曲折，有顺境，也有逆境。正所谓苦乐同在、顺逆相依，谁都无法超脱。我们只有在顺境中居安思危、不懈进取，在逆境中沉着冷静、积极面对，才能提升人生的境界，拥有更广阔更高远的生命天空！

## 八、唱响爱的旋律

"我想要怒放的生命，就像矗立在彩虹之巅；就像穿行在璀璨的星河，拥有超越平凡的力量……"这首鼓舞人心的歌曲曾在各大电视台被频繁播放。面对各种各样的困难和挑战，我们的心灵和生命经受着考验，但我们不应退缩，因为生命对于我们只有一次。成功学大师拿破仑·希尔曾说："人与人之间只有很小的差异，但这种很小的差异却往往会造成巨大的差异。很小的差异就是所具有的心态是积极的还是消极的，巨大的差异就是成功和失败。"是啊，无论何时，我们都要拥抱生活，热爱生命，用爱的姿态丰富人生的内涵。只要我们对生活充满热爱和向往，只要我们心中爱的旋律依然在奏响，我们就会燃烧不老的青春，释放年轻的力量，彰显走出困境的勇气，用怒放的生命书写新的篇章！

## 九、为别人喝彩

韩愈说："李杜文章在，光焰万丈长。"鲁迅说："史家之绝唱，无韵之离骚。"他们处在不同的年代，却能为别人喝彩。他们的赞美体现出的是一种生命的智慧，绽放的是一种人格的芬芳。

当年，俞伯牙弹奏《高山流水》时，钟子期为之高声喝彩，于是钟子期便成了俞伯牙的知音。高山流水不断，流传着一曲千回百转的知音的赞歌。

为别人喝彩犹如阳光雨露，滋润得人生之花万紫千红、芳香四溢；为别人喝彩犹如远方的灯塔，指引着人生的航船乘风破浪、勇往直前。

让我们解开私心杂念的桎梏，跳出尘世黑暗的樊笼，从心底为别人喝彩吧，你会感受到生命的另一种美丽，你的才华会得到充分的展示，在追求灵魂的高尚与完善中，赢得一场无悔的人生！

## 十、把希望珍藏

冰雪消融，春水来临，在梦的长河中扬起风帆吧——个人的生命之河不可能流经所有的地方，但可以在所有流经之处留下激昂的歌，留下缠绵的绿。

寒风远去，春风吹来，将种子插入深沉的泥土里吧——播撒雨露和阳光，泥土里的梦想就会在枝头绽放。

春回大地，万象更新，收拾好心情，调整好状态，轻装上路吧——珍藏希望、热爱生活的人，将永远得到生活的青睐……

## 十一、在心田里种一株向日葵

"更无柳絮因风起，惟有葵花向日倾"，向日葵一生追求着太阳的光芒，心中装着自己永恒的信念。

万物有灵，这些灵气默默地昭示着丰富的精神内涵——光明正大、自信自强、执着坚韧等等，正是具备了这样的精神实质，向日葵以最耀眼的色彩、最热烈的情怀，成就了自己最美的风姿。

每个人都应当在自己的心中种下一株向日葵，让精神的轨迹始终迎着阳光。有了这样的光明指向，就能心底清澈、眼中生慧，能在尘世浊气弥漫时始终保持清醒的头脑，不迷失、不虚妄，勇敢地朝向最耀眼的太阳，释放我们生命的光芒！

## 十二、让思想的光芒烛照人生历程

当我们走向大海，感受海的博大时，请不要忽视眼前的点点风帆，它会告诉我们：乘风破浪，定会到达理想的彼岸。

当我们走向群山，感受山的崇高时，请不要忽视脚下的浅浅小溪，它会告诉我们：不怕曲折跌宕，定会成就深邃浩瀚。

当我们走向原野，感受大地的厚重时，请不要忽视身旁的细细苇草，它会告诉我们：甘于清贫、学会坚韧，思想的旷野就不会荒凉。

当我们走在校园的路上，意气风发，拼搏未来，请不要忘了给心灵一个思索的空间，积淀你的点滴感悟和智慧，让思想的光芒烛照人生历程……

# 让学生的心灵成为会开花的树

## ——班主任工作经验交流

冰心说：爱在左，同情在右，走在生命的两旁，随时播种，随时开花，将这一径长途点缀得香花弥漫。班主任工作更重要的是心灵的工作。现将自己班主任工作的方法和体会与大家分享，不当之处敬请批评指正。

## 一、目中要有人

在现代班级管理过程中，平等友好、相互尊重是衡量师生关系文明程度和道德水准的重要尺度。我在班级管理过程中首先明确了学生是以"人"的角色存在于社会之中的，而每一个人是平等的。我们必须把学生当成一个人来对待，尊重和支持他们，尽力促进他们的发展。要做到这一点，不但需要深刻理解一系列的人生观问题，而且要花很多的时间和精力。因为要做到这一点就不容许漫不经心地、肤浅地对待学生，它需要的是我们的智慧和良心。

班里有一名学生，因多次打架被之前的学校开除，来到我校重读高一，进之我班后，我发现他有点与众不同，因为他看老师和同学的眼光充满了敌视和冷漠。一次他自习违纪，被我撞个正着，我把他叫了出来，此时他双拳紧握、怒目而视，一看这架势就是要打仗。我立刻改变了要批评他的念头，只说了一句"跟我来"，然后引着他在校园内转了两圈。终于，他忍不住了，说："老师，你找我干啥？""不干啥，只想问你在这生活得适应吗？"话题打开了，我跟他谈了很多。我想，正因为有了这样的谈话，才有了家长会时他父亲握着我的手说的话："孩子回家常说，上了这么多年学，从没有像现在这么愉快过。"

## 二、心中要有爱

教育，有时需要说服，需要灌输，有时也需要强制和命令，必要时还需要惩罚，但是更需要的是真情的感化。班主任对学生的感化是在潜移默化中悄悄进行的。实践表明，这种潜移默化的形式是学生最愿接受的。正是这种爱的感化和陶冶，使自卑者自信，使落后者进步，使悲观者看到温暖，使冷漠者看到温暖……我班同宿舍的两名学生产生了矛盾，其中一名执意要调到别的宿舍去，面对这一要求，我没有简单应允，更没有置之不理，而是多方了解情况，从实际出发，理解他们的心情，尊重他们的个性，又从生活上关心、从学习上鼓励他们，并抓准时机开导教育，让他们懂得学会适应、学会宽容、善待他人的重要性。我的关怀终于感化了他们，他俩握手言和了，不但消除了矛盾，而且成了好朋友。

泰戈尔说："不是槌的打击，乃是水的载歌载舞，使鹅卵石臻于完美。"紧闭的心灵之门，用铁锤敲打不开，柔情的水总是能渗透进去的；一个小小的日记本，终于使拖沓的李帅同学增强了自律性；细雨中散步交谈了两节自习课，终于开启了赵岩同学尘封的心灵；作文本上一次次真诚的关怀与鼓励，终于使宫利博同学发誓要做一名好学生……

## 三、口要能点火

班主任的赞许、表扬和奖励，会在学生的心理上产生一种积极的心理体验。他们就像沐浴在春风之中，感到温暖、欢乐和幸福，从而激起他们对美好生活的向往和追求，激发一种同过去的"自我"、同困难做斗争的勇气、信心和力量。梁旭辉同学上课有睡觉的毛病，一次谈心后，他终于真诚地对我说："老师，其实我也很想改掉这个毛病，可就是控制不住自己。"于是我真诚地为他想办法，让他试着这样做：第一周睡十分钟，第二周睡五分钟，第三周只迷糊一两分钟。这一过程中让他的同位帮助他、提醒他。三周下来，他真的改掉了上课睡觉的毛病。在这三周里我不断表扬他、鼓励他，终于点燃了他自强奋进的火把，一学期下来他进步了300名。每周的班会我总是认真对待，从不同的主题中激励、唤醒、鼓舞学生，使他们热情不减，干劲不退。因为"学生不是等待被填满的容器，而是等待被点燃的火把"。

## 四、手要能生花

这是说，要用我们辛勤、智慧的双手让学生的心灵之树开花。在我一次次地在教室里弯腰捡起纸团中，在我一次次轻拍学生的后背示意他们集中精力学习中，学生被感化了。至今我保留着学生写的一张纸条：老师，我真真切切感受到了您手中的温热。您的手温暖了我的心，从今天起，您将引领我走向正途……

我不会忘记作家赵丽宏说过的话："你的心灵一定会开一次花，一定的。也许是灿然的一大片，也许只是孤零零的一朵；也许是举世无双的奇葩，也许只是一朵毫不起眼的小花……""没有一个画家能用画笔描绘出这样的景象，没有一个诗人能用诗句表达出这样的过程……但是它所引起的变化，却悠悠长长、绵延不断，改变着生命的历史，丰富着人生的色彩。"

就这样走过来了，经历了磨难与艰辛。有苦涩，但更多的是甘甜。我将一如既往，为每一棵心灵之树的繁茂付出一切。

# 在审视与追问中提升自己

## ——班主任工作经验交流

"未经审视的生活是不值得过的。"每当想起哲学家苏格拉底的这句话，我的心灵就会被震撼，我的思绪就会被诱发。自担任班主任工作以来，我经常从以下几个方面来审视自己、追问自己。

## 一、是否立足学校，扎实推进班主任工作

那年，我满怀信心与期待，在学校领导和老师们的关心与帮助下，坚定地走上了班主任的工作岗位。几年来，我自觉地把班主任工作纳入学校教育这个整体中去，扎扎实实地开展班级工作。

根据学校量化管理规定，我与学生一起制定了班级量化管理细则，学生在学习、品德、行为、习惯等各方面逐步走上了正轨，在六项评比、全面评比中走在前列。

特别关注任课教师间的沟通、理解与协调，把学校"育人导师制"落到实处，师生共同努力，使班级工作稳步前进。

在担任班主任工作的过程中，我深感幸运，更感到班主任工作的幸福与愉快。因为有兢兢业业、携手共进的同行们，有把青春和未来交付给我们的莘莘学子。在学校这片沃土上，我更真挚地把自己的命运与学校的命运紧紧地联系在一起，牢固地树立了"校兴我荣，校衰我耻"的信念，把强烈的责任感、使命感和深重的忧患意识落实到工作的每一天。

## 二、是否让学生信赖、家长放心

我始终坚信，没有一朵鲜花不美丽，没有一个孩子不可爱。我的德育目标始终定位在塑造美丽心灵，让学生的心灵成为会开花的树。所以我会真心投入，用爱心点亮生活中的每一天，把自己的劳动融化在学生不断的进步与提高之中，融化在学生的拼搏与欢乐之中，在工作中提高自己的师德。

开展班级小组互助活动。根据学困生的不同情况，制定了详细的转化计划，如对几名学困生的转化目标分三步：（1）坚决杜绝旷课现象。（2）增强自控能力和纪律观念，做一个守纪的好学生。（3）把精力投入到学习中去，提高学习成绩。具体措施有六条：① 班主任向他们赠送笔记本，写上类似这样的话：我知道你已下定决心，"宁做灰烬，不做尘土"；老师期待着你，更相信你能振作起来，走出一条康庄大道。② 宿舍长在生活上应多关心他们。③ 在班里，同学、好友在情感上感化、引导他们。④ 同位及前后位在学习上帮助他们。⑤ 班主任每周找他谈话。⑥ 班主任及任课老师每周在班里针对他们的进步，表扬他们至少一次。所有的这一切都已落实到了行动上。对学困生的转化已基本完成了第二步目标，现在他们有的已当上了纪律小组长。

曾几何时，家长们在电话里充满了焦急与无奈，而最终传来的却是爽朗的笑声；曾几何时，家长们带着满脸的愁容与落寞走进我的办公室，而离开学校时却带着舒心的笑容和真诚的谢意。

平时我除了在教学方面充实自己以外，还特别注重在班主任的工作方面提高自己，并确立了自己的研究专题：主题班会与学生人文精神培养的研究与实践。我坚信：有了爱，就有了一切。

### 三、是否问心无愧

古人云："仰不愧于天，俯不怍于人。"我十分重视教育者自身的示范性。无论什么天气，无论有什么事情，我总是按时站到学生面前。要求学生做到的，他们总能先在我身上找到影子。我要求他们有善意、有爱心，他们就能切实感受到我心中的温暖；我要求他们有责任感，他们就能看到我的敬业精神；我要求他们有文明的言行，他们就绝不会在我身上看到任何不文明的行为。

根据学校安排和班级工作实际坚持召开主题班会。比如第三周"注重细节，规范言行"，作家肖剑说，一个不良的习惯足以使人受害终生；第四周"心系父母，好好学习"；第五周"端正态度，积极进取"，来自哈佛大学的研究表明，一个人要做成一件事，85%取决于态度，15%取决于知识和能力；第六周"目标高远，立志成才"，德国有一句谚语说得好，向天空的星星瞄准总比向矮树瞄准打得高些；第七周"刻苦努力，奋勇拼搏"，现代教育理论研究表明，较高级或较持久的兴趣要经过大量的刻苦努力才能产生；第八周"相信自己，相信未来"。所有的这一切，我想我只是为了兑现我向学生做出的承诺：

假如我是一滴眼泪，我要用我的泪滴唤醒你沉睡的心灵；

假如我是一片雪花，我要融入大地来寄托你无限的希望；

假如我是一枚树叶，我要化作春泥来换取你生命的灿烂。

最后，我想用泰戈尔老人的一句话来结束我的审视与追问："天空没有翅膀的痕迹，而我已飞过……"

# 用爱心撑起一片蓝天

### ——"我的学生我的爱"演讲稿

托尔斯泰说过:"如果一个教师仅仅热爱事业,那么他只能是一个好教师……如果一个教师把热爱事业和热爱学生结合起来,他就是一个完美的教师。"是啊,我们的事业是铸魂的事业,在我们的精神世界里,之所以没有出现秋风萧瑟的凄凉景象,是因为,我们除了对事业的执着之外,更有对学生的挚爱。有了这份挚爱,我们才不惧怕寂寞与冷落,更不回避一时的困境,深深地呼唤人类应有的纯真、善良与美好,用爱心撑起一片蓝天。

走进学校这片园地,学生便成了我心灵的支点。面对充满朝气的学生,我的心充满了活力。我常想,我永远不会老,因为我有我的学生和我的爱。为了心中的爱,我虔诚地在其间耕耘、播种、收获。每当看到学生灿烂的笑脸,我的快乐也飞向蓝天。

有位文学家说,凡是纯洁真实的生命都会在某个时刻展现它美丽的一面。所以,世上才有枯木逢春,又冒新枝嫩芽的幸事。在我教过的学生中,有一名叫陈红的女生,她母亲不能说话,又有智力缺陷,这给陈红造成了巨大的精神压力。每月一次的回家，同学们都兴高采烈、归心似箭，唯有她愁容满面，因为，母亲除了用呆滞的目光看着她之外，从来没有别的关怀。她不愿见到母亲，不愿回到那个有母亲的家。一个星期六的下午，空荡荡的教室里只有我们两个，我说："回家吧，你父母会想你的。"她摇了摇头说："他们心中没有我。"我坐下来，慢慢地给她讲了这样一个故事：

有一个男孩，他母亲是一个疯子，时常吵闹和尖叫，他难得安静地学习、吃饭和睡觉。他恨母亲，恨这个有母亲的家。每当这时，父亲就摸着他的头说："孩子，你母亲她有病呀。"可这并不能改变他对母亲的态度。他决心考大学，考上一所远离母亲的大学，永远不再回家。后来，他真的考上了大学，远远地离开了母亲。一天，男孩从父亲的来信中知道了母亲病危的消息，他无奈地回到家中，来到医院。当他走进病房时，看到母亲的头部缠满了绷带，他急忙问蹲在门口的父亲。父亲说："你走后，你妈很想你，她天天往外跑，看到跟你年龄差不多的孩子就喊着你的名字追。那天，你母亲在马路旁看到了路中央的孩子，也看到了疾驶而来的车，她叫喊着跑过去。那个孩子被推了出去，你母亲她……"听着父亲的述说，男孩再也控制不住自己的感情，扑到母亲身上哭喊着："妈妈，妈妈呀——"母亲没有睁开眼睛，永远地离开了他。

故事讲完了，陈红已泪流满面。我说："母爱是一部书，从来不是千篇一律的。你母亲跟天下所有母亲一样是爱你的，只不过，她的爱生长在无声的世界里。"陈红懂了，她终于走上了回家的路。

生命的鲜活在于不断地去追求，轰轰烈烈是一种追求，淡泊致远同样是一种追求。作为一名教师，作为军人的妻子，我的心里常有几分酸楚、几分凝重、几分庄严。虽然不能与丈夫朝夕相伴，但我有我的学生和我的爱。几年来，我用心血和执着固守着自己的选择。

那年深秋的一个早晨，我得到了丈夫受伤住院的消息。灾难突然降临，我不知所措，又不知丈夫伤得轻还是重。我心急如焚，可我还是给学生上完了两节课才赶往医院。当我推开病房的门，看到的是昏睡中正在输液、脸部和双腿缠满绷带的丈夫，这就是我日思夜想的丈夫吗？我顿觉天旋地转，不能自持。可我必须面对眼前的事实：丈夫身负重伤。在丈夫身负重伤的日子里，我只在下班后才匆匆赶去，一边照顾他，一边照顾孩子，中间从未耽误过学生一节课，哪怕是自习辅导。那段时间，我心力交瘁，可每当面对学生，我立刻精神百倍，课上课下全身心地与他们进行知识上的探讨与心灵上的沟通。有个学生在日记中写道："老师，实在对不起，我上课没听您讲课，而是在乱写乱画。您没有大声责问，更没有抓过去撕掉，而是让我悄悄拿开。老师，您照顾了我的自尊，我绝不能让您失望，我会努力做个好学生的。"已步入大学校门的一名学生在来信中写道："老师，我很普通，普通得没有人注意我，可在迷茫中摸索的我却发现了一丝光亮，那就是您。老师，我永远不会忘记。"

其实，人的生命纵然会为大江大河手舞足蹈，却也离不开涓涓细流的滋润。

爱是温暖的春风，爱是幸福的源泉，我们对学生的爱，不仅是一种最深切的情感，也是一份智慧，一份在生活的细节中自然挥洒的大智慧。看，明天的太阳正从我们手上升起，让我们一如既往，留下真情，留下感动，用爱点燃激情，撑起一片更湛蓝更高远的天空。

# 来自学生的褒奖

## 一、学生作文

### 别样的爱

—— 记班主任崔美芳老师

穆欣欣

无声无息地，春夏秋冬，又一个轮回就这样默默地从我们的生命中溜走了！

当喜怒无常的天气又一次重复时，当旧日的夏衣又出现时，才发觉这一年的生活是这样不同寻常，这样令人回味！

回忆的波纹更像涟漪一样层层荡漾开去，报道、军训、早读、晚自习，每一次活动，每一次考试……才发现其中有一个永恒的身影——那便是您，我们高一六班的班主任崔美芳老师。

我是一个感觉迟钝的人，但却真切地体会到了您对班级、对工作的认真和那一份永不消减的热情。还记得您常常说的一句话："我没有其他本事，有的只是对待班级、对待工作的一丝不苟。"或许吧，就是这么一份强烈的热情一直支持着您风雨兼程地一路走来。

您是一个要强的人。从您的行动和只言片语中便能感觉出您那份对胜利的渴望，在这个世界上，您为女性赢得了尊严。令我感触最深的，还是您把我们这个中下游的班，在短短的时间里带到了年级第一！而且在屡次的失败和打击后，您用您那自信的言行感染了我们每一个人，我从内心深处佩服您。

要强归要强，但每一个女性都有她温柔、细腻的一面，当然您也不例外。相处的每时每刻，您都在用那博大的母爱温暖着我们每一颗心。还记得您离开我们的两个月中，寄回的那一封长达十一页纸的信，是我，在家长会上把它诵读给每一位家长。当我试着用您的心情细数完您对全班每一个学生的鼓励和评价时，我的眼前模糊了。还记得那严寒的冬日，当流感肆意横行时，您煮的那一壶姜汤，就像灵丹妙药一般治愈了我们心灵上的感冒。回首往事，我想我们高一六班的每一位同学都会记得那一碗"心灵姜汤"的温暖。

一年，说长不长，说短不短，但它却包含了我们高一生活的点点滴滴，在这一年中，您同我们一起奋斗，一起拼搏。在成绩面前，您争取；在失败面前，您站出。我无法用言语来表达对您的崇敬和热爱。

您说过，我们就像您的孩子。无论优秀、平凡，您都爱，您有六十二个孩子。

我要说，您就像我们的母亲，宽容、慈爱、严格，我们高一六班的每个人都有两个母亲！

## 二、学生来信

尊敬的崔老师：

您好！

转眼之间，我迈出中学校园已经半年了，一直未能给您写信，希望您能谅解。

　　高中三年，得到您和各位老师的亲切关怀和热情指导，我的学习有了很大进步，终于取得了今天较好的成绩，感恩之情常怀于心。每每忆及昔日课堂情景，激动之情难以言表。尤其是高二一年，在您的悉心指导下，我的语文有了很大提高，并且对写作产生了浓厚的兴趣，又有幸得到您的指导，终于做到了文通字顺，基本上能把心中的意思比较完整地表达出来了。这一点一滴的进步，无不包含着您的期望和辛劳。老师，您辛苦了！

　　我高考的成绩不是十分令人满意；由于粗心大意，语文也发挥得不是很好，这实在是辜负您的厚望了，但也总算是尽力而为了。但数学和英语又不好，思虑再三，只好选择了会计专业。会计专业没有语文课，自然不能再碰到像您一样能使学生虔诚地热爱语文的老师了，每念及此，我更加遗憾高中未能听您多讲几节课。

　　不知今年您又教哪一级的课，课堂气氛怕是比以往更热烈活跃了吧！您总是能把课讲得这样清晰生动！不知徐老师从北京学习回来了没有？邵老师、刘老师等各位老师工作也都很顺利吧？

　　在这新年来临之际，我没有什么能报答老师的栽培之恩，仅以我的问候祝福您吧！

　　祝您阖家欢乐，身体健康，工作顺利！

　　祝各位老师新年愉快，工作顺利！

　　祝母校兴旺发达！

学生

1999年12月24日

## 三、"感动九班"人物颁奖词

### ——崔美芳老师：用语文诠释人生的真谛

有了天空，就有了太阳；有了生命，就有了飞翔。有了您，就有了人生的方向。

是您，将我们思想的灰尘拂拭；是您，将我们心灵的褶皱抚平；是您，将我们昏暗的心灯点亮。

从在水一方的《诗经》中走来，从李白的金樽清酒中走来，从鲁迅的三味书屋中走来。您带我们品尝了太多的人间至情，您带我们饱览了太多名山大川，您带我们走过了太多的人生驿站。

于是我们不再彷徨，于是我们开始执笔呐喊：您用一个人的肩膀为我们撑起了一片晴空！在2006年寒冷的冬天，我们为您送上最温暖的祝愿：愿您在新的一年激情如火，热情无限！

# 3

## 第三章

## "诗意"成长

特别欣赏海德格尔的那句"人,诗意地栖居在大地上"。

随着时间的推移,教龄的增加,我们每一位教师或多或少都会存在"职业倦怠"和"焦虑感"。如何消除"职业倦怠",让"焦虑感"远离自己?我想,行之有效的办法就是,静下心来,接受现实,接纳自己,心存诗意,慢慢地让自己走上从事研究这条幸福的道路上来。

# 给我一个支点，做一名幸福的教师

阿基米德说过：给我一个支点，我可以撬动整个地球。我想，我们教师可以说：给我一个支点，我会做一名幸福的教师。这个支点就是教科研。

教科研会让我们有所发现，做一个有智慧的人。教师作为人类灵魂的工程师，实在应该不断地进行教科研。掌握丰富的知识是教师职业必备的素质之一，而教科研是开阔视野、丰富知识、充实思想，为我们的教育教学滋养底气与灵气的必由之路。时常静下心来研究吧，徜徉于研究与思考当中，享受着浓浓的墨香，吸取其中的精神与思想，足不出户，也能一思千里，品味生命的音符，感受大千世界的无限风光。一位哲人说："人只不过是一根苇草，是自然界最脆弱的东西；但他是一根能思想的苇草。""我们的全部的尊严就在于思想。"学会研究与思考吧，思考可以让我们穿越岁月的迷雾，增长教育的智慧。一个有智慧的人，他对人生有最合理的安排；他能明白事物的本末先后；他能见微知著，鉴往察来；他不但能自知，也能知人，所以他对己对人都不会低估，也不会高估；他深悟人所具有的潜能皆是无限的，并深知人人成功的可能性相等，所以他知道没有理由自卑，同样也没有理由自大；他待人真诚，胸怀宽广，常生感激，而且老老实实做人，认认真真做事，勤勤恳恳学习，辛辛苦苦耕耘，在追求结果中，享受人生的过程。

教科研会让我们学会欣赏，拥有一份职业幸福感。欣赏是一种发自内心的羡慕的态度。懂得欣赏、懂得感悟，拥有一个良好的心态，我们便会拥有一份职业幸福感，拥有幸福的人生。要敢于面对现实、善待自己、学会感恩、追求卓越；要正确看待工作和人际交往中出现的一些问题，积极乐观地工作和生活，就像斯多葛学派哲学家爱比克泰德那样，不为自己没有的东西沮丧，而为自己拥有的东西喜悦；要善于捕捉自己生命中的每一次感动，常给自己积极的心理暗示，多给学生真诚的鼓励和帮助。这样，职业幸福感就会慢慢地浸润我们的全身，丰富我们的一生。

教科研会让我们在诗意与责任中创造教育的永恒之美。海德格尔说：人，诗意地栖居在大地上。我想，诗意地栖居应该是用心去爱生活。研究与思考会让我们学会爱，拥有一颗赤子之心。拥有一颗赤子之心就会对世界、对生活、对自我保持善良、真诚、美好的终极价值观，不虚伪、不做作、不冷眼，没有世俗生活带来的一丝尘染，看不到沧桑人生的痕迹，仍然如孩童一般相信美好光明的东西。这种爱是神圣的，是能创造生命奇迹的。拥有了爱便会承担起一份责任与使命，承担起一份责任与使命才会理想远大、胸怀宽广，才会心忧天下、不辱使命，才会在我国教育面临重大挑战的今天义无反顾地承担起"让教育回归本质"的重担，用我们的真情和智慧创造教育的永恒之美，创造幸福的教育生活。

# 淄博市第二批名师人选研修班研修心得

## 一、在反思中成长

心理学家波斯纳曾归纳教师成长的公式:"成长＝经验＋反思。"叶澜教授说,一个教师写一辈子教案不一定成为名师,如果一个教师写三年的反思,有可能成为名师。的确,教学反思是教师成长必不可少的功课。不能时时反思自己的教学,二十年教龄的教师可能和一年教龄的教师没多少差别;而不断地反思、不断地学习、不断地审视和改进自己的教学,一年的教龄可能就比得上平庸教师二十年的教龄,这样的教师可能会成为教坛的参天大树。

听了郑教授的讲座,给我印象最深的是强烈的反思意识:我的教学有课程意识吗?我能区分学生在生活中的学习与学生在学科课程中的学习吗?我的教学受哪一种课程理念的指导?我的教学自觉追求这五种课程层次吗?我能独立设计一门学校课程吗?一系列的反思引起了我强烈的共鸣,教师就应在反思中成长,在反思中实现专业发展。

听了王建军教授讲的课堂教学中的五步反思程序(反思与重建)同样感

触很深。

反思什么呢？结合多年的教学实践，我认为要做到三反思：教学前反思、教学中反思，教学后反思。教学前反思是指教师在进行教学活动之前，结合以往的教学经验，对教学目标、教学过程设计、学生认知水平，自觉地进行审视，进行教学预测和分析，再次查漏补缺。教学中反思是指教师对教学活动中的某些教学现象、环节以及突出事件进行及时、有效的调控和机智地应变。要求教师有较强的课堂驾驭能力，及时地反思自己的教学行为。善于捕捉教学中的灵感，及时地调整教学策略，达到最佳的教学效果。教学后反思是指教师对整个教学过程进行总体回顾、分析、反思，写下自己的执教体会或失误，记下学生学习过程中体现出来的闪光点和困惑。它是教师对课堂教学自我反馈的重要途径，具有即时性和批判性。在三种教学反思类型中笔者更侧重教学后反思。具体讲，每一节课后，我们要反思教学目标是否恰当；对教材内容的把握是否准确，对教材内容是否有新的理解；教学设计是否需要修正，有没有更好地促进学生课堂参与的设计；反思教学方法是否适合该层次的学生，教育结果是否如愿；针对学习困难的学生提出的问题，我们要反思其思维的障碍在哪，如何帮助他们冲破这些障碍；听课、教研之后，我们通过研究别人的教学长处，学习比较，反思理念上的差距，解析方法上的差异，从而提升自己。

如何反思呢？笔者以为真正意义的教学反思是教学经验积淀的主要途径，写教学反思贵在及时，重在坚持，不一定要面面俱到。在新课程理念下有思则写，不要为反思而反思，有话则长，无话则短，长此以往，对提高自己的教学水平和科研能力大有益处。

总之，学习、反思的过程也是教师不断成长的过程。正是因为如此循环，带着好奇，带着疑问，带着想要探寻问题、彰显真知的冲动和解决问题的喜悦，教师会慢慢成长为一位行动研究者，享受专业发展的乐趣。

## 二、让课堂教学焕发生命的光彩

### ——有感于岳龙教授的创生式课堂教学

岳龙教授在"创生式课堂教学"专题中指出：课堂教学的目的是教学生理解真实的自我；课堂教学的本质是提高师生的生活质量。

对此我感受颇深。我们教师就要放下成人的思维和态度，走进学生真实的世界，让课堂教学充满纯真，因为课堂不仅是学科知识传递的殿堂，更是人性培育的殿殿。只有走进学生的世界，让课堂教学充满纯真，才能打开学生心灵的大门；课堂教学不是简单的说教讲授，而是师生之间心灵与精神的沟通，即使引导也是借教师之口说学生之话。苏霍姆林斯基说："知识丰富的教师讲课，好像直接诉诸学生的智慧和心灵。他好像在跟学生随便交谈，发表自己的议论。他不是把真理当成说教，而是跟学生一起讨论，向学生提出供他们思考的问题，请他们来一起动脑筋解决问题，在教师和学生之间，好像有一种默契，双方的思想能如水乳交融。"

课堂是师生生命智慧和生命价值充分体现的地方。在教学过程中，教师因为创造智慧而萌发自己的生命激情，学生则通过课堂而体验生命成长的快乐与个性发展的幸福，并从中真正体验到生活的内涵和价值。只有用生命去温暖生命，用生命去呵护生命，才能在生命的根本上确定起人的内在尊严，才能使个体的生活具有一定的深度，才能真正实现课堂教学的目的。

## 三、彰显潜在课程的魅力

郑桂华教授在专题讲座"课程研究与教师专业发展"中讲到潜在课程，提出学校应该重视对"潜在课程"的开发。对此，我思考了许多，感觉在我们的教育过程中，着实应该重视潜在课程，彰显潜在课程的魅力。

潜在课程包括学校文化方面的教育、学习和生活环境的建设、良好的人际关系的建立等。其实，学生无时无刻不受到学校潜在课程的影响。学生在学校各种人际交往中受到的影响，如思维方式、价值观念和行为方式等；学校、班级中长期形成的制度与非制度文化的影响，如学校与班级的传统、风气、舆论、仪式、规章制度等；学校物质环境所构成的物质文化的影响，如学校建筑、校园环境、教室布置等。

所以，我们教师首先要从我做起，加强人格修养。课堂内的学习是重要的，但课堂外教师的一言一行对学生有着潜移默化的作用，是一种对学生的发展更具影响力的教育，"桃李不言，下自成蹊"。教育实践告诉我们，学校的所有教育活动须经由师生之间的人际交往实现，教师高尚的人格和学问修养能唤起和启迪学生的良知，反之，则会产生不良的影响。

其次要重视学校环境建设。环境是重要的教育资源，应通过环境的创设利用，有效地促进学生的发展。我们认同"大课程"的教育观念，在学校环境的整体布局上，应充分考虑一切因素，重视环境的育人作用，抓好学校环境的美化和文明化，将环境教育融入校园建设和校风建设，使校园文化环境成为怡情励志的无声课程，让学生在不知不觉中受到良好的教育和熏陶。

在教育教学实践中，如果细心观察，会挖掘出很多蕴藏积极意义的隐性课程资源。我们只有充分重视隐性课程对成长的影响，在教育教学中才不会有缺憾。

### 四、在常教常新中体味生命成长的快乐

教育既是艺术，又是科学，是最容易培养人的积极性、创造性的工作，是最丰富多彩的一项工作，是充满创新机遇的工作。所以，教师应该学会自我更新。今天的"我"应该比昨天的"我"多了新的发现，新的认识，新的提高。我更新了，世界在我的眼里就新了。自新，他人新，世界新，工作新，江

河山川新，人工作起来才有乐趣、有意义、有效率。

华师大吴亚莉教授的专题讲座"课堂教学——转型变革的策略研究"给我留下深刻印象，尤其是吴教授讲到的几种变革引起了我思想的共鸣：一是观念变革，从知识的教学到育人的教学——价值转换，从局部的割裂到整体的综合——思维转换；二是内容变革，从机械教教材到灵活用教材——视角转换，从点状的教学到结构的教学——策略转换；三是设计变革，从抽象的学生到具体的学生——重心转换，从封闭的教学到开放的教学——方式转换；四是过程变革，从机械执行到动态调整——状态转换，从单向接着动到双向互动——单位转换；五是评价变革，从示范性表演到问题诊断——对象转换，从结果评价到过程评价——功能转换。

素质教育是以人为本的教育，实施素质教育就要着重培养学生的创新精神和实践能力。传统的教学方法违背了教学规律，抑制了学生的创造力。新课标要求教师要有创新的教学设计能力，要做到常教常新。课堂教学是培养学生创新精神及实践能力的主阵地，教师则是这个主阵地的积极引导者。为此，教师要注重因材施教，要注重面向全体学生，注重发展个性，让学生在学习过程中充满旺盛的求知欲，积极进行思考，使课堂教学有滋有味。在这个过程中实现学生、教师、学校共同成长，体味生命成长的快乐。

## 五、有感于"弹性教学目标"

倪文锦教授讲到的"弹性教学目标"我非常认同。人们常常把教学目标排斥于教学过程要素之外，这是错误的。试问没有活动的目的，何来活动的过程？不把教学目标作为教学过程的结构要素，岂不是说教学过程是一种无目的的活动？这与教学有目的、有计划、有组织的基本属性相悖。

当学生对教学目标一无所知时，他们的学习只能盲目地跟着教师的"指挥棒"转，除了被教师"牵"着走，自己别无其他选择。即使教师制定的教学目标完全正确，也无法从根本上改变他们学习的被动状态；如若教师制定的目标不当，那学生的学习更是陷入"盲人骑瞎马"的可怕境地。

学习是艰苦的劳动，并非每堂课都充满趣味和欢乐。在许多场合，学习是不能吸引人的，甚至是枯燥乏味的，这就要求学生有顽强的毅力和集中的注意力。而且，教学的内容及其方式方法越是不能吸引人，学生就越不能把学习当作智力的活动来享受，也就越需要这种意志。对缺乏具体教学目标的学生来说，他在教学过程中无法真正通过有作为注意力来表现自己的学习意志，这不能不说是传统语文教学的一个致命弱点。

在定向阶段，把教学目标交给学生，开辟了一条能激发学生学习动力、调节行为标准和强化学习意志的新途径。但鉴于一个班级的学生不可能具有整齐划一的认知能力和操作水平，刚性的目标往往导致部分学生"吃不饱"，部分学生"吃不掉"，不是成绩差的学生在"陪坐"，就是学习优秀的学生"原地踏步"。如何克服这一矛盾呢？这就需要制定"弹性教学目标"，即教师根据多数学生的水平，确定一个基本的教学目标，而对优生不予限制，对暂时略逊一筹的学生不加苛求，让他们在基本目标的基础上有所加减，尽量让教学目标落在他们各自的"最近发展区"，以确保各类学生都学有所得。

教学目标是整个课堂教学的灵魂，所有的教学活动都是围绕教学目标设置的，课堂教学目标是否完成对课堂教学质量的高低起着很重要的作用。因此，我们在确定弹性教学目标时要充分了解学情，要基于不同层次学生的实际，从课程特点入手精心设计，并将其有机整合在教学过程中，促进学生个性而又全面的发展。

## 六、跟孔子学做教师

周勇教授在"中国名师的专业传统"专题中讲道，孔子的教学生活乃是中国教师学习的源泉，是的，我们应该跟孔子学做教师。孔子的专业追求、体验与收获，隐藏在他的教学生活，即他与学生的教学、日常交往活动中。

《论语》中开篇第一句话即："子曰：'学而时习之，不亦说乎？'"这诠释了教师的实质。孔子最喜欢的事是"学"，他不停地"学"，借此当上了教师，获得了快乐。确实，学习让孔子有了安身立命的资本，也因此赢得了世人的推崇与青睐；学习让孔子拥有了许多切磋学问的朋友，也让孔子心胸更加豁达。

因此，"学"是我们教师的生活之本。只有先"学"了，才能教好学。虽然我们无论怎么学习都不可能成为第二个孔子，但"高山仰止，景行行止。虽不能至，然心向往之"。至少我们可以向孔子看齐，向他靠近，争取做到"腹有诗书气自华"。所以，作为教师，我们得"乐学"。当今时代，知识更新的速度前所未有，如果对新知识、新信息一无所知，那就会成为一潭死水，终将被社会淘汰。我们应该让自己成为一个善学乐学之人，做到"学而不厌，诲人不倦"，这样才能从中收获作为教师的职业幸福与快乐。

当然，要达到更高的境界，还要做到学思结合、学以致用。子曰："学而不思则罔，思而不学则殆。"这既指出了学而不思的局限，也道出了思而不学的弊端，告诉我们在学习的过程中，"学"和"思"不能有所偏废。与此同时，孔子特别强调学以致用，在《论语》卷七中，孔子说："诵《诗》三百，授之以政，不达；使于四方，不能专对；虽多，亦奚以为？"所以我们只有将学思结合，并做到学以致用，在不断积累文化知识的同时，积累思想，沉淀智慧，身体力行，才能使自己成为有道德、有学识的人，真正承担起教育的责任与使命。

（2010年12月，在华东师范大学参加淄博市第二批名师人选研修班）

# 教育部"国培计划中小学语文骨干教师研修班"研修心得

## 一、努力让自己成为学者型教师

如何缓解教师的"焦虑感"与"职业性倦怠"问题，温儒敏教授的一句"在状态中"使我久久难以忘怀。放眼现实，我们教师不同程度地都会遇到"职业性倦怠"这个问题，应如何解决？温儒敏教授的"在状态中"一语中的。作为语文教师，应培养阅读兴趣，努力做学者型教师，我想保持这种"状态"定会消除"焦虑感"，更会让"职业倦怠"远离自己。那么如何让自己成为学者型教师呢？

### 1. 加强自身教育理论修养

要想成为学者型教师，首先要有广博而又精深的理论知识，厚积才能薄发。所以，我们除了学习与所教学科相关的学科知识与教育理论外，还要读古今中外教育史，从中领会教育的发展规律，了解不同历史时期教育的特质，这有利于树立学者型教师的教育历史唯物主义，从而掌握解决问题的方法，把握教育的本质。要读《教育学基础》，从中了解国外教育与中国教育体制的共性与个性，了解教育的目的，了解教育的功能与价值，了解当代主要教学理论流派，了解当代教育理念，了解课程理论体系等一些本质属性。还要研读《普通心理学》《学习心理学》《教育心理学》《青少年心理健康教育》等心理学相关书籍，掌握不同年龄阶段学生不同的心理特点与发展规律，为教育活动提供一定的依据。

2. 提升教科研能力

要转变观念，树立和增强从事教科研的意识和自觉性。要有开拓创新意识，善于发现教育的现象，探究教育的问题，要有前瞻性的眼光，准确把握教育的发展趋势，并对教育改革中出现的新情况、新问题进行研究并创造性地提出解决问题的方法，即应具有较强的科研能力与实践能力。要善于总结和升华自己的成功经验，总结教学思想，使之能发展或丰富现有的教育理论。其研究重心在于对学科建设负责，具体工作如积极申领宏观层次的课题研究，同时要组建研究小组，带头开展教改实验，积极探索教育教学的新模式或适合具体教学情境的变式，以此来研究学科教学发展的方向、改革的思路等，并及时做好转化、推广工作，起到辐射带动作用。

3. 练就高超的教学艺术

国外大量的研究表明，学者型教师与一般教师的教学行为在课时计划、课堂教学和课后评价等方面有着明显的不同。要成为学者型教师就要练就高超的教学艺术。课时计划要简洁灵活，要以学生为中心并具有预见性，既要注重总体计划，又要设计好局部计划，更要有临场反应的决策，要考虑到课堂情境的变化和学生的需要。在课堂教学过程中，要能够明确制定和执行课堂教学规则，有一套有效吸引学生注意力的方法，能灵活运用多种教学策略。在课后评价上，要关注学生、关注影响目标的重要活动，使评价有利于促进学生素养的提升，有利于促进学生个性而又全面的发展。

4. 要有敏锐的时代意识

联合国教科文组织将"学会认知、学会做事、学会共同生活和学会做人"称为现代教育的四根支柱。实现教育的现代化，关键是实现教育观念的现代化，要树立以人为本的教育观念，尊重学生的人格、兴趣爱好，尊重学生的自由发展，尊重学生的首创精神，发挥学生的主体作用，挖掘学生的创造才能。要想成为学者型教师，就要把握时代的脉搏，让理念先行，在改革创新中创造属于自己的精彩教育人生。

## 二、对课堂教学过程设计的思考

四天的"工作坊"包括与本小组学员集体备课、磨课，观摩各组说课、评课，聆听专家点评等一系列的教学活动。虽然已经结束，但"工作坊"活动中那真诚的交流、智慧的碰撞将成为我们每个人永远的记忆。令人难忘的太多，下面我仅就"工作坊"磨课活动中的教学过程设计谈几点粗浅的认识。

余文森教授认为，没有预设的课堂是不负责任的课堂，没有生成的课堂是不精彩的课堂。是的，"凡事预则立，不预则废"。课堂教学是一种有目的、有意识的教育活动，预设是课堂教学的基本特性，是保证教学质量的基本要求。教师在课前必须对教学目的、任务和过程有一个清晰、理性的思考和安排。

传统教案中的教学过程这一环节，大多是对书本知识要点的再现，没有加工，没有思考。新课标下的教学过程设计，要能突出教师对课程标准的准确把握，对教材的分析、加工和处理，不是不经思考地照搬照抄，要能体现备课作为一种创造性劳动的实质。同时，教学过程设计要体现出教师是学生学习的合作者、引导者、组织者，意味着"师生平等对话"。

在设计教学过程时，我认为应从形式流程和内容流程两方面考虑。

形式流程设计应该是精心的粗线条设计。所谓"精心"，是指教师要花很深的功夫去钻研、去思考教学；而"粗线条"则是针对课堂教学的不确定因素提出来的。学生作为一个个活生生的个体，是具有主观能动性的人，他带着自己的知识、经验、思考、疑问、灵感参与课堂活动，使课堂教学呈现出丰富性、多变性和复杂性。无论多完善的教学设计都会在课堂教学中不断变化、调整，都会在师生互动中生成新问题。因此，教师设计教学过程、形式、流程时，可考虑学生的反应，但不要预先设计课堂上学生的行为，应重在策划、设计教学活动，下功夫思考怎样创设教学情境、设置问题、确定活动主题，以及激发学生学习兴趣的方式、方法等，而不要在一些不可预知的细节（如课堂上学生的行为）上过多纠缠。

内容流程设计应注意两点：第一，内容流程中应科学设问、巧妙设问。新课程倡导培养学生自主、合作、探究的学习方式，培养学生分析、解决问题的能力。这就要求学生学习的内容不再以定论的形式直接呈现，而要以问题的形式间接呈现。因此，设计问题对培养学生的探究能力起着至关重要的作用。提问无针对性，则失去了提问的意义；提问太简单，学生很容易答，又失去了提问的价值。因此，教师要根据教材的内容和学生的特点，有目的、有层次地设计难易适度的问题，创设认知冲突情境，引发学生的探究欲望。另外，设计问题时还应与学生的生活实际和经验相联系，吸引学生主动参与，激发他们的学习兴趣。第二，内容流程应有知识线索。教师设计的教学活动不是零散的或孤立的，有一条线将它们串在一起，这条线就是教材的知识结构。我们进行精心的教学设计是为实现教学目标，让学生在主动探索的过程中寻找问题的答案，在愉快的情绪体验中学习知识，而不是抛开知识无目的地活动。综上所述，在设计教学过程时，形式流程和内容流程不应是互相割裂、独立存在的，而应是互相融合的统一体。

当然，教学过程设计要适度，要留有空间，以便更好地促进课程的创新与开发。让我们用自己的勤劳和智慧去"预设"成功的课堂。

## 三、找回教学的勇气

我在为期两周的培训中收获满满，感悟颇多。专家教授的讲座及点评为我们的教育科学理论注入了源头活水，给我们带来了心智的启迪、情感的熏陶和精神的享受。突然想起了美国著名教师、教育专家帕克·帕尔默的《教学勇气》一书，感觉多方面的收获归结到一点上，就是找回了教学的"勇"，现从三个方面总结如下：

1. 建立起了注重学生生命发展的教学价值观

温儒敏教授在谈到研修文化时说，不抱怨，从我做起，促进自觉。是的，有什么样的思想理念，就会有什么样的行动实践。在专家的引领下，我思考最多的是，如何让课堂成为师生共同学习、成长的沃土；如何变被动、死记硬背的学习方式为自主、合作、探究的学习方式；教师单调的说教灌输如何变为问题驱动、知识梳理、点拨归纳等流程；如何既重视对学生知识能力的训练，又重视对学生实践能力的培养，更重视学生的情感、态度、价值观的发展。在思考中，我进一步掌握了新课程理念，把握了新课程真谛，建立起了注重学生生命发展的教学价值观。

2. 合理运用课堂激励机制，促进学生全面发展

四天的理论与实践相结合，与本小组学员集体备课、磨课，观摩各组说课、评课，聆听专家点评，在一系列的教学活动中，我对如何运用课堂激励机制，促进学生全面发展有了新的认识。

一是以情境激励学生。孔子曰："学而时习之，不亦说乎？"学习被看作是令人愉快的事情。新课程改革要激发、培养学生的学习兴趣，引导他们积极主动地投入学习。可以根据新授知识的需要，精心创设教学情境，以激发学生探讨知识的积极性。

二是以设疑激励学生，"学起于思，思源于疑"。教学实际上就是设疑、质疑、解疑的过程，利用设疑激励法可以唤起学生的求知欲。课前教师精心设计疑问，课堂巧妙提出疑问。因为疑问和惊奇，最易于激起学生由衷地产生学习知识的精神动力，产生对学习的渴望。

三是以探究激励学生。以探究的形式，大家畅所欲言，相互交流，相互启迪，相互修正，相互补充，诱发出很多新见解、新观点，从而获得创造性方案或设想。探究激励是在短时间内激发创造力、凝聚集体智慧的一种有效手段。

四是以成功激励学生。学生的学习就是为了获得成功、享受成功的喜悦。成功激励是让学生从成功中获得激励，增强学习的动力、热情和信心，主动去争取新的成功，向更高的目标奋进。

3. 在反思中成长

王倩教授说，在教学反思中发现专业乐趣；萧伯纳说，我不是你的老师，只是一个伴侣而已，你向我问路，我指向我们俩的前方。是啊，只有教师成长了，才会有学生的成长。反思自己的教学实践，我还需要在以下几个方面提升：① 在教育教学实践中，注重对教材资源的重新组合、整合、引进与选择，对教材内容进行重新定位，变教教材为用教材教；② 提高了自己课程开发的能力，努力满足学生个性发展的需要，积极探索实践"学科加特长"的专业发展之路；③ 进一步理解了知识教育与能力培养的关系，在学科教学中，注重促使学生把知识转化为能力；④ 重视情感、态度和价值观的教育，将情感、价值观教育与知识的传授、能力的培养有机结合，注重过程与方法的统一；⑤ 重视教学方式的变革，积极思考，实践自主学习、合作学习、探究学习等；⑥ 注重自身的专业发展，学会在反思中提升水平。

著名诗人维吉尔说，命运厚爱勇敢的人。北大国培将引领我们不断增强教学的勇气，教师职业的幸福与快乐将温暖我们的一生。

## 四、难忘国培，难忘北大

2011年12月7日，带着一份激动、一份期待、一份新奇，我走进了北京大学的校园。能成为教育部"国培计划（2011）中小学语文骨干教师研修班"的学员，我感到很幸运，很自豪，更让我感到幸运和自豪的是能到北大参加培训，在未名湖畔聆听专家的声音，在博雅塔下探讨教学的智慧。北京大学，百余年来，"思想自由，兼容并包"的传统在这里薪火相传，"民主与科学"早已成为这片圣地不朽的灵魂。这一切让北大成为国人心驰神往的精神摇篮，成为一代代学子梦中的象牙塔……十五天的培训恍如一梦，给了我太多的震撼与感动，细数研修生活的点点滴滴，我收获了成长，收获了友谊，也收获了一份苦累之后的幸福与甘甜。

1. 丰富的内容，创新的形式——我们乐此不疲

从教20多年了，20多年来我参加的培训不在少数，总以为凡培训都是相同的过程，但是，这次北大的培训使我真正感受到了什么叫丰富，什么叫创新。100个学时的五个模块：高中新课程的政策与语文新课程的实施、基于语文教学内容的难点分析、有效课堂教学技能与方法、教师综合素质提升、教师实践课堂。五个模块的研修内容以核心问题为中心，辐射了教学中的每一个领域，直接针对我们的语文教学，聚焦重点问题、难点问题、典型问题开展教学；三元化的研修模式中三个"研修课堂"、三个"延展课堂"，一体化设计，相互连接、相互关联；培训的四个提升目标逐次深入，最终落脚在——依托北大强大的学科专家团队，提供丰富的研修内容拓展教师学科视野，提升教师的人格魅力和整体素养；优秀强大的专家团队；科学有效的组织……更重要的是我们实实在在成了培训的主体，被放在了真正的主体地位上来关注。这一切让我们深深感到不愧是国家级的培训，真正看出了国家级的水平、国家级的设计与安排。

丰富的内容，创新的形式，中国顶级大师的人格魅力与学术力量，中国最前沿的教育理论构架……这一切让我们在研修中乐此不疲。每天和北大的精英学子们一起迎着朝阳上课，一同在暮色中走向食堂排队买饭，夜晚挤在大礼堂里听精彩的讲座，或者行走在静谧的林荫道上聆听着瑟瑟西风中古木的浅吟低唱，细细品味最高学府的内在魅力，使人忘记了奔走的疲惫与冬日的寒冷。

2. 教授的情怀，专家的责任——引领素养提升

开班第一天，我们首先见到了仰慕已久的北京大学中文系教授、首席专家——温儒敏。他曾任北京大学中文系主任，现身兼北京大学语文教育研究所所长、国家基础教育课程教材专家工作委员会委员、中国现代文学研究会会长等职务。温教授是个儒雅的学者，他的"关于课改的若干问题"的讲座旁征博引，以独特的人格魅力、渊博的知识、丰厚的文化底蕴、高屋建瓴的眼界征服了每位聆听的学员。他的一系列观点，带给我们强烈的震撼，带给我们深深的思考。温教授在报告中给我们列出了当前语文教学的五种偏向：第一种偏向是教学的"梯度"被打乱了；第二种偏向是课堂教学"两多两少"，即老师讲得多，讨论对话多，学生默读少，涵泳少；第三种偏向是不让学生读"闲书"；第四种偏向是文笔成了作文教学中的第一要义；第五种偏向是"宿构作文"成风。温教授的报告让我们更加清楚我们课改的现状，引发我们对自身的教学进行深刻的审视和反思。强烈的责任感、使命感和深重的忧患意识渗透在温教授报告的始终，他让我们看到他对语文教育和语文教师的关心。他针对现在普遍存在的问题，指出如何缓解"焦虑感"与"职业性倦怠"，建议我们每个人都保留一块"自己的精神园地"，要"少抱怨多做事""有定力""在状态中"，要"让读书成为生活的一种方式"，不只是为了备课或某些功利的目的而读书，不是停留于"职业性阅读"，而是有比较自由超脱的阅读，在阅读及接触人类精神智慧精华的过程中，去发现生活，体验世界，开阔眼界，活跃思维，努力超越庸常的生活，摆脱"职业性倦怠"。阿基米德说："给我一个支点，我可以撬动整个地球。"我想，温教授的报告给了我们每位学员一个强有力的支点，去跨越职业倦怠这道门，在诗意与责任中创造教育的永恒之美。

古人用"余音绕梁，三日不绝"来形容歌声优美，给人留下难忘的印象，可我想用这句话来形容程郁缀教授的讲座。程郁缀，北大中文系教授，身兼北京大学亚太研究院副院长、全国高等学校文科学报学会副会长等职。他是

北大情感型的学者，能结识他是我们的幸运。2011年12月19日上午，有我们期待已久的一堂课，程教授把我们此次的培训推上了一个顶峰。程教授一进教室，围着他索要签名的学生就排起了长龙。他耐心谦和地一一回应着大家的需求……轮到我了，程教授问了姓名，略一沉吟，便在我的本子上写下了"春华秋实　兰蕙永芳"几个大字，字写得出奇的漂亮，特有的气度、特有的神韵贯通其间，令人心生向往，再看身边同学，全班每一个人的留言居然不重复，除了惊叹就剩感动了。

程教授的课充满激情，充满魅力。历时三个小时的"古典诗歌赏析与人文素养提升"讲座，教授一直站着，并且没有任何讲义，讲义就在他的心中，挥笔之间，历史已经赫然印上了黑板。充满激情的讲解犹如大河奔流，汪洋恣肆。生动的语言、富有磁性的声音，引领我们穿越时空，回到古代，真切地与文人墨客对话。从《诗经》到唐诗，从孔子到杜甫，从《伐檀》到《游子吟》，在诗的王国里，在诗人的真挚情怀里，程教授从热爱祖国一直讲到孝敬父母，从千古爱情一直讲到文人的友情，从珍惜光阴一直讲到如何教育我们的孩子……真是思接千载，视通万里。我们的眼光，连接着历史的天空；我们的思绪，飞扬在未来无限遥远的宇宙。我暗想，身处俗世，能如教授一般超越世俗，守住一方净洁幽远的空间，那该是怎样的一种张扬和旷达啊！

朱慕菊，让我如此动容的女专家，她把退休前的最后一堂课、最后一次讲座留给了我们。看看她担任的职务：教育部基础教育二司巡视员，教育部基础教育课程发展中心主任，中国基础教育课程改革的主要设计者、组织者和推动者……可以想见，她在课程改革的道路上走过了怎样艰难的历程。今天，即将退休的她，对教育的一往情深，对课改的执着信念深深感染着我们每一位学员。她的讲座思路清晰、逻辑严密、事例生动。她轻柔的话语、富有亲和力的言谈，把枯燥抽象的理论变成了美味可口的精神大餐，让我们全面了解了国家推进高中新课程的战略选择，从更宏观的角度认识了语文课改的背景，了解了高中新课程实施中的主要问题及各地相应的应对措施。虽然只有短短半天时间，她却让我们领略到了女人的温柔美丽和学者的儒雅高洁，更时时警醒、时时鼓励我们，在以后的从教道路上，要竭尽所能，为语文教育、为孩子们尽上绵薄之力，在追求结果中，享受人生的过程。

钱理群教授的报告让我们明白了读鲁迅作品能使人变得大气和深刻，面对鲁迅这样的大师，我们要"拒绝遗忘"；吴晓东教授告诉我们要从思想性、情感力量、文学审美三个层面阅读文学作品，语文教育应该启迪学生的心智；程翔老师结合北大附中的作文改革和自己作文教学的实践，生动地告诉我们，要培养学生的思维品质，要让学生的作文写真实的人性，让学生用悲天悯人的情怀去关注生活，教育的灵魂是给学生带来幸福和快乐……

3. 互动研讨，实践体验——分享中增强能力

从来没有一下子遇见这么多的优秀同行，100名学员虽然来自全国各地，但都是语文教学之路上的孜孜以求者，相遇在北大，相遇在"国培"，真可谓是"他乡遇故知"。在"工作坊"的磨课过程中，小组内老师集体备课，分分秒秒，我们一起思考，一起构建我们心中理想的语文课堂；说课老师精彩的展示、评课老师和专家的精彩点评，让新课程理念一点一点鲜活起来；基于学情的教学目标、自主合作的学习活动、欣赏肯定式的学习评价等等，很多教学实践中的困惑在学员之间的交流碰撞和专家的点评中迎刃而解。一系列的互动分享和实践体验给我们带来了心智的启迪、情感的熏陶和精神的享受。十五天弹指一挥间，在我们心中留下了太多难忘的记忆，太多全新的思维，太多难舍的友情……我总在想，国家真的很看重我们，对我们寄予了无限的期望。那么，十五天，我们要从北大带走什么？十五天，它会在我们今后的教育生涯中发挥怎样的作用？

难忘国培，难忘北大。漫漫教育路，依依国培情……未来的日子里，我们将在教育理想的引领下坚定地前行，愿教育的春天因为我们的执着和努力而更加美丽、更加灿烂！

# 淄博市第二批名师人选研修班研修心得

## 一、在开学典礼上的发言

尊敬的各位领导、亲爱的同学们:

大家好!

很荣幸作为学员的代表站在这里发言,首先请允许我代表参加本次研修的全体学员感谢北京师范大学的培训、感谢淄博教育局为我们提供了这次宝贵的学习机会!

我想,每一个获得这次研修机会的学员心中都充满了美好的期待,不仅因为自己是淄博名师、名校长建设工程人选、优秀校干,而且因为这次研修是在北师大。七天里,我们将以"北师大学子"的身份在这里读书学习,在"木铎金声"纪念碑下聆听专家声音,在"学为人师,行为世范"的校训碑下探讨教育智慧。这将成为我们心中的骄傲和永远的记忆!

静下心来,行走在北师大校园,看着静谧的林荫道上行色匆匆的学子,聆听着微微南风中古木的轻吟低唱,我问自己:七天,你会从北师大带走什么？七天，你将会让它在你今后的教育生涯中占据多大的空间、发挥怎样的作用呢？

所以，我们要沉下心来真正做一回学生。要自觉遵守学校和学员的各项管理规章和学习制度，积极按时参加各项教学活动，共同营造一个良好的学习环境。

要虔诚地学习，认真地思考，去聆听专家的指导，去享受智慧的碰撞。"求真创新，为人师表"是北师大的优良传统，七天，我们希望从北师大带走的不仅是专家高屋建瓴的理论导引，更有创新的思维、兼容并包的学术胸怀。

我们会俯下身去，甘做一回行者。"治学修身，兼济天下"是北师大的育人理念，我们将整理昔日的困惑，对照眼前的收获，去探索一条更加有利于学生成长、自我提升，能推动学校科学发展的前行之路。

我们愿敞开心扉，做一回朋友。坦诚地交流，深入地研究，探究教育人生的智慧。七天，我们希望从北师大带走的不仅是丰富的教育思想、翔实的教育故事，更有开放的胸襟、纯净的交流、苦累之后的幸福快乐！

最后，预祝北师大的研修计划圆满成功，真诚地祝福我们的领导、我们的教授，真诚地祝愿我们每一位学员在北师大的日子里学有所成、心有所获、身体健康、幸福平安！

谢谢大家！

2013年6月14日

## 二、依法从教，智慧快乐

北京师范大学教授、博导余雅风讲授的"教师依法执教与学生管理的法治化"课程给了我多方面的启发，其中"依法从教，要充分发挥教师的智慧"引起我深深的思考。

古往今来，"严师出高徒""忠言逆耳利于行""没有惩罚的教育是不完整的教育"这样的名言警句不胜枚举。人们要求为师者必须严格要求学生，使学生养成良好的行为习惯，遵纪守法、学好知识、学会做人。但在具体的教育实践中，要做一个让每个学生和家长时时处处都心服口服的严师，并非一件简单的事。而让每个家长都理解配合，又谈何容易？这就需要教师的教育智慧，既要有法可依，依法从教，又要讲究"严"的艺术。

首先，新时代的教师，必须有法律意识，应主动、自觉学习有关教育的法律、法规，并学以致用，做学生学法、守法的表率。《中华人民共和国义务教育法》《中华人民共和国教师法》《中华人民共和国未成年人保护法》《中华人民共和国预防未成年人犯罪法》《校园如何预防及避免人身损害赔偿案件的发生》等有关教育的法律、法规、文件，教师应经常研读，熟记在心；时时处处规范自己的教育行为，依法保护自己的合法权益；相信学生，加强民主管理，防止教育方法粗暴单一；尊重学生，做学生的知心朋友。

其次，要对学生进行法制教育，引导学生知法、守法。每周班会课、思品课，可针对学生阶段的行为情况和社会形势，结合有关法律条文进行教育。如2007年9月，我发现学生小黄几次带三个男生上营业性网吧，购买地摊不健康漫画，与社会上流里流气的青年来往。我便要求他们星期天上网了解《中华人民共和国预防未成年人犯罪法》的内容，并在星期一的思品课上请这几位学生轮流读其中的条文给全班学生听，接受教育。放学后，我找这几个学生谈心，使他们认识到问题的严重性，理解老师的关爱和良苦用心，及时改错。当了解到班里学生小楠的父亲是市中级人民法院刑一庭的庭长，就汇报给学校领导，邀请他到学校上法制课。

家校沟通、引导家长学法，是尊师重教、取得良好教育效果的重要保障。目前独生子女多，父母、长辈溺爱多，造成多数孩子娇气任性，劳动观念差，怕脏、怕累，爱花钱，比吃、比穿，生活自理能力差，受不得一点批评或挫折。这就要求教师重视与家长联系，争取家长的支持配合，对学生进行多方面、长时间的严格要求、训练和管理，由浅入深、由易到难循序渐进，只有这样，学生才能养成良好的行为习惯。如平时布置学生的家庭作业，把做家务、学当家、练手艺的作业渗透其中，并要求家长回纸条评价，这样就能锻炼学生的自理能力和良好的行为习惯。开家长会或家访时，适时渗透法律宣传，让家长了解自己应负的责任，教育子女从小遵纪守法，理解平时老师对学生错误行为的适度惩戒，预防犯罪，共同尊师重教。这样，教育效果将会事半功倍，也避免了很多校园意外事故和校园纠纷的发生。

新时代的教师，要有敬业爱生的高尚师德；要有与时俱进的教育理念、广博精深的专业知识；还要有独创精神，善于借鉴先进的教育理念和教育艺术，以更先进的教育管理方法，大胆进行教学改革。只有这样，我们的民族教育才有希望，国家才会人才辈出！只有智慧地依法执教，我们才会得到社会的尊重，才能平安、健康、快乐地工作和生活。

### 三、我的教育故事：那一枚火红的枫叶

五年了，办公桌的玻璃板下一直压着那一枚火红的枫叶，那一条条叶脉清晰可见，就像心中的记忆，任凭岁月冲刷，依然历历在目。

她叫张红枫，人如其名，她在班里是一把火：上课说话、哼歌曲、和老师顶嘴……老师们对她基本上也都是冷处理，尽量避免和她正面"交锋"。那时我刚刚接手这个班的语文课，总觉得应该找机会碰一碰这"一枚红枫叶"。

下午放学了，我见教室门还开着，就进去看看，只有红枫一人。"你怎么不回家？"她冷冷地回答我"不想回"，头都不抬继续看着手里的漫画书。"今晚我请你吃饭，怎么样？"她看看我，有些怀疑，我拉着她的胳膊，走出教室。边吃边聊，她告诉我，在她五岁时父母离异，她跟随父亲生活，父亲脾气暴躁，爱酗酒，有时还会打她，从来不过问她的学习、生活；而母亲，十几年来没看过她几回，对她基本上是不管不问。"我是个没人要的人。"她忧郁地

说。"如果我做你的朋友，你愿意吗？"我说。她笑了一下，她的笑给了我信心和希望——我觉得自己应该能够让红枫安下心来学习。

以后，上课时我就有意识地拿难易适当的问题提问她，作业也尽可能地找出她的亮点，下课后也尽量找机会和她聊。慢慢地我发现，语文课她说话少了，动脑多了；哼歌曲少了，举手多了。看到这些，我的心里非常激动，我知道不是我讲课变了，而是她用心听了——她的心不再孤独，她有了学习的动力。

高三那年秋天，红枫高中生活的最后一个生日，我买了一支漂亮的笔送给她："希望你继续努力，相信你的未来不是梦。"红枫先是惊讶，继而眼里闪着泪花："老师，谢谢您，已经很多年没有人送生日礼物给我了……"

从此，她的学习成绩突飞猛进，语文成绩由最初的不及格到及格，最后高考时，居然考到了121分，也最终圆了自己的大学梦。

毕业前夕，她送给我一枚红叶，上面写着："老师，我是一枚小小的枫叶，是您打开了我的心结，让我懂得了爱与被爱，让我能像其他人一样幸福快乐。老师，永远感谢您！"看到这些，我的眼泪禁不住流了下来。

我想，这就是为人师最大的满足吧。陶行知先生"捧着一颗心来，不带半根草去"的话，犹在耳畔，我深深体会到一位人民教师的责任，教师的责任就是点亮学生心中的灯。拿什么点亮学生的心灯？李镇西在《爱心与教育》一书中说："只有童心能够唤醒爱心，只有爱心能够滋润童心，离开了情感，一切教育都无从谈起。"这句话震动着我的心，我深刻感受到，作为一名教师应该真诚地去爱每一位学生，蹲下身子走进每一位学生的心灵世界，这样，才能在尽情欣赏学生的进步与成长中，享受生命的快乐。

## 四、做一名有阳光味道的教师

北京市广渠门中学"宏志班"班主任高金英老师的讲座，热情洋溢，激荡人心。她以"静下心来教书　潜下心来育人——做一位有阳光味道的老师"

为题，结合自己多年的教学实践，引用了大量鲜活的教育事例，深入浅出，让我们懂得了一名优秀教师、优秀班主任的基本素养和风范，更懂得了一名优秀教育工作者的智慧和大爱。

我很赞赏她"阳光味道"的提法。"阳光味道"就是爱的味道，就是对所从事的教育事业、对学生有博大无私的爱。高金英老师正是用自己阳光般的爱和人格魅力感染着她的学生，今天也同样感染着参加培训的每一位老师。

我深刻地感受到作为一名班主任、一名教师应该真诚地去爱每一位学生，蹲下身子走进每一位学生的心灵世界，真正做一名有阳光味道的、有智慧的教师——

1. 爱的阳光要平等

学生是一个生命体，每一个生命体都是平等的，老师对学生的爱首先要讲究平等。不但要爱优秀生，更要关爱学困生。关爱优秀生，让他们学习上更有动力，在不断超越自己的同时学会关爱他人、帮助他人；关爱学困生，让他们的人格更健全，精神更健康。要让不同层次、不同类别的学生都在老师平等的关爱中不断进步，不断成长。

2. 爱的阳光要耐心细致

学生的心灵是很敏感的，他们能够通过老师对自己的态度来判断老师是否真心关爱自己。同时，他们也渴望老师能够时时刻刻关心爱护自己。只要教师真心爱学生，在日常生活、学习中，让他们感受到这种耐心细致的爱，他们就能以极大的努力向着教师所期望的方向发展。

3. 爱的阳光要有距离

距离产生美，爱要保持距离，就是爱学生但不要讨好学生。这更能体现教师爱的智慧。为了拉近与学生之间的距离，让学生亲近自己，不考虑方式；不管大事小情都去管，让学生依赖自己；经常与学生打打闹闹，说话不讲分寸，言辞随便等。这样的爱是不明智的，往往会适得其反。学生在心理上会轻视你，对你缺少敬畏、佩服之情；在行为上，你的要求学生会当作儿戏，学生自然也不会养成良好的习惯，班级的管理也就无从谈起。

德国哲学家雅斯贝尔斯说："教育是一棵树摇动另一棵树，一朵云推动另一朵云，一个灵魂唤醒另一个灵魂。"带一颗爱心上路吧，用爱心呵护纯真，用智慧启迪智慧。

（2013年6月，在北京师范大学参加淄博市第二批名师人选研修班）

# 淄博市中学教学改革高级研修班研修心得

## 一、教育不能急功近利

考核学生标准的制定，是一门大学问。上海作为全国教育的试验区，为我们做出了很好的表率。多样化的选拔标准，让过关性和选拔性共存，更多的是通过体现学生自身能力和综合素养，来展现教育的成果，而不是考试的分数。这种理念早就得到认可，可真正实现起来却难度大得出奇。

目前，无论是家长还是教师，在教育孩子方面仍然过于急功近利，学校也更多地以成绩来评价学生。事实证明，在这种心态下很难获得良好的教育效果。应如何改变？必须坚定不移地推进教育改革。

首先，学校要给学生一定的自由空间。学生在学校里学习、生活，自然得有规章制度的约束，但学生的思想、内心应该是自由的、安宁的。学校应该能满足学生的好奇和求知欲，为学生今后的发展提供各种可能。学校更应该是遵循教育规律的，不搞"一曝十寒"的活动和突击性的任务。所以，学校应该充满生机和活力，给学生以激情和创造的空间，让每一个学生徜徉其中，获取知识、提升能力，健全人格。

其次，教师应该能平等地对待每一个学生。十个手指伸出来有长也有短，同样一个班级里不可能都是优等生，也不可能都是乖巧听话的学生。教师对每一个学生都要同等看待，无论他的家庭条件如何，父母地位如何，学业成绩如何差，个性特长怎样，教师都应该平等对待。要真正地去关爱他们，善于捕捉和发现每个学生身上的闪光点，要施以爱心，持以恒心，你会发现每个学生都是独一无二的。要帮助他们扬长避短，克服自卑，树立自信心。要充分调动他们的积极性，努力使他们相信自己的力量，促使他们的个性特长得到充分的展示与完善，使每一个孩子都得到应有的发展。

第三，家长、教师、学校都应该允许学生犯错。人无完人，何况是学生。知错能改，善莫大焉，对于学生来说，犯错并不可怕，可怕的是无视错误，逃避错误。所以，关键是如何应对错误，避免走入误区。比如，以学生还小为由纵容学生的错误，通过打骂严厉纠正学生的错误，甚至以身作则延续学生的错误等等，这些方式都是不可取的，都会伤害到学生。学生犯错要正确面对、正确处理，比如给学生说话的机会，问清楚原因，了解学生的感受；也可以交给学生自己处理，让学生解决自己的错误，自己承担后果；还可以耐心地向学生分析整个事件，在循循善诱中让学生知道错、承担错、改正错，从而更好地成长。

教育，本就是千秋大业，急功近利要不得。

## 二、教育也需要一种契约精神

在企业里常说这句话：你的能力对不起你的薪水，那你应该辞职；你的能力超过了你的薪水，那你可以跳槽。其实教师也是一个职业，也可以是一种谋生的途径。所以，教师也很需要这种契约精神。当我们享受着社会的回报时，我们该想想，我们付出了多少？这个行业需要我们具备什么能力？我们的能力是否对得起这份薪水？我们在羡慕国外教师的高薪的同时，却经常忽视他们承担的义务和责任。教师这个职业，需要知识、能力，但更需要一颗敬业的心和博大的胸怀。选择了教师就意味着选择了奉献，选择了崇高。

"一个人遇到好老师是人生的幸运，一个学校拥有好老师是学校的光荣，一个民族源源不断涌现出一批又一批好老师则是民族的希望。"习近平总书记如是说。所以，我们应该做一名好老师。好老师要有理想信念，正确的理想信念是老师教书育人、播种未来的指明灯，有了理想信念，才能够给学生传播民族梦想的正能量。好老师要有高尚的道德情操，要见贤思齐，不断提高道德修养，提升人格品质，不仅能传授学生所需的知识，更要教会学生做人的道理，让学生们树立正确的价值观。好老师要有扎实的知识功底，过硬的教学能力，勤勉的教学态度，科学的教学方法。好老师要有仁爱之心，爱是教育的灵魂，没有爱就没有教育；老师要有尊重学生，理解学生，宽容学生的品质；要用欣赏增强学生信心，用信任树立学生的自尊，让所有学生都享受到成功的喜悦。

"三寸粉笔，三尺讲台系国运；一颗丹心，一生秉烛铸民魂。"让我们以满腔的热忱投身于教育事业，做实现中华民族伟大复兴的中国梦的"筑梦人"。

### 三、别让"勿忘初心"变成一段回忆——对教育现状的点滴思考

几天的研修，再次唤起我对一个问题的思考：教育的目的是什么？先行者们的回答有千千万万，可不少的后继者往往忽略这个问题。也许课业繁重，也许琐事众多，也许自感精力有限，所以教育的真正目的在我们的奔波中似乎渐行渐远。我想说：别让"勿忘初心"变成一段回忆。

教育的目的之一，我认为应该是培养人才和选拔人才。前者是核心，后者则是水到渠成的结果。围绕这一核心，我们禁不住要问什么是人才，如何培

养，有怎样的选拔方式，存在什么问题，如何更好地解决或者规避问题等等。

人才的重点应该是"才"，有教无类已然是教育行业的共识，那如何成"才"就是核心，什么是"才"就是前提。有人说天赋、能力是"才"，有人说智慧、力量是"才"，也有人说才华、智商就是"才"。当然，"才"是多面的，不可能是单一的，更不会是统一的，所以我们可以多一种描述："才"是让人通过自己的努力和汗水，实现自己的愿望，同时不会给社会带来损害的能力。

那如何培养呢？首先，不要否定学生，了解到学生的"才"以后，我们就会有更多的想法和感悟，这就是教育的过程，也是最重要的部分。有教无类首先认可了人是有差异的，因材施教是我们必选的方向。要有多元化的培养方向，结合学生的自身特点找到适合学生自身的路。教育其实和治水一样，宜疏不宜堵。要在学生兴趣的基础上，加以认可和帮助，这样的效果往往比强制灌输要好得多，同时也会有更高的收益，受教育者也能从教育过程中感受到成长的快乐。

选拔人才，既是认定也是考核，这是教育重要的组成部分。毕竟从宏观的层面，选拔人才就是结果。那选拔的标准，必然会反作用于人才的标准这一问题。选拔，是一种导向，是社会对教育的认可标准，也必然成为教育资源集中的方向，起到一种导向作用。在选拔人才这个环节上，自上而下的引导作用，比想象的要重要得多，人才的多样化，需要通过这个环节来体现。

受教育者（学生）成才的标准应该是多元的，教育者（教师）优秀与否也应该是多元的。术业有专攻，也代表着尺有所短寸有所长。一线的教师师资该如何分配、如何考量，这也是一个难题。让适合科研的人专心科研，让适合教书的专心教书，让有能力涉猎多方面领域的人可以海阔天空，这才是教育者的考核标准。让教育者人人都是专家是不现实的，让教育者人人都有专家的水准，这才是方向。

　　问题一直都会有，旧的问题解决了，新的问题也会出现。良好的沟通，才能更快地发现弊端所在，也可以更好地解决现有的矛盾。想深入了解多方的需求，那就需要对话机制的保证，也更需要平等身份的保证。

　　教育，是一门学问，更是一门艺术，让人可以为之痴迷终身。不忘初心，方得始终。切记：别让"勿忘初心"变成一段回忆。

　　　　　　　　（2016年10月，在淄川参加淄博市中学教学改革高级研修班）

# 淄博市教育高层次人才专题研修班研修心得

## 一、教师要有一种哲学思想

朱建廉，南京金陵中学特级教师、教授级高级教师。他的《基于"教学"的系列研究》共四部分内容：关于教学词组的词性指认，关于教学概念的完整称谓，关于学科教学的结构剖析，关于学科教学的深度研究。每一部分内容都体现了朱老师独到的见解、深刻的认识和辩证的思想，有高度、有境界，具有吸引人的力量。我想朱老师的魅力在于思想，而他的思想又是建立在哲学的基础之上的。所以我认为，一个好老师应该有一种哲学思想。

北京师范大学教育学院副院长、教育学系主任、教授、博导石中英先生呼吁，教育哲学应当成为教师成长和实施教育行为的一个重要精神资源。毋庸置疑，爱哲学就是爱智慧，学习教育哲学就是汲取教育智慧。我认为，作为一名教育工作者，学点哲学，特别是教育哲学是非常有必要的。教育哲学素养的欠缺究竟会给教师带来哪些问题呢？石中英先生的回答掷地有声——

第一个问题是教师失去反思意识，成为纯粹的教育工具，成为一个被动的、消极的、执行命令的教育者，而这样的教育者注定成不了一个好的教育者。

第二，哲学给我们的另外一个能力是删繁就简、以一驭万。不学习哲学就掌握不了这个功夫。哲学家的生活态度是很简单的，一个真正有哲学智慧的人，能够很快地在多样性中把握住那个"一"，很快地在复杂中把握那种简单，能够以一驭万。

那么教师如何形成自己的哲学思想？教师形成自己的哲学思想自然需要通过理论与实践的不断碰撞与反思，在碰撞与反思中感悟、提升，从而生成自己的哲学思维。一是通过学习研修形成哲学思想。要学习研修相关哲学理论、哲学史和哲学思想，这是教师形成自己哲学思维的必要起点和可利用的资源。教师通过学习哲学家的哲学思想获得哲学理性和哲学启示，以此训练自己的哲学思维。二是通过教育实践活动生成哲学思想。教师的哲学思想只有在教育实践活动中才能不断地生成、丰富和发展，在教育实践中学习和应用哲学，教师才能获得真实的感受，才能不断增强自身的哲学智慧，不断提升自身的哲学境界。在教育实践中自觉地运用哲学知识和哲学思维来思考和解决教育问题，教师就会积累、生成自己的鲜活的哲学思想。所以，我们要积极投身到教育教学改革实践中去，批判地、富有创造性地思考、探索教育教学改革中出现的新问题、新情况，不断提高，形成自己的哲学思想。

## 二、在诗与思之间修行

袁爱国，南京市第十七中学校长，江苏省中学语文特级教师、教授级中学高级教师。我有幸听了他的讲座——《思与诗：教师深度学习的可能路径》，感触颇深。我非常认同他的观点：思与诗是教师一辈子的修行。在语文教学领域，袁爱国老师无疑是一位有深度的语文老师。我想，要想成为一名有深度的语文教师就应持一份诗心，在语文教学的道路上且行且思——

"诗与思"源自对语文教学本真的参悟。袁爱国老师所讲的诗意的语文就是让学生倾听文本的声音，与学生一起在语言的丛林里散步、观赏、玩味、咀嚼。他注重激发灵感，催生教学机智。他的语文教学不是一个演"教案剧"的过程，而是完善并再度创造师生共在的精神生活的范本的过程。在课堂教学中对于偶发事件的处理以及对于生成性教学资源的利用，往往取决于教师的教学机智。袁爱国老师语文课堂的教学机智则是基于言语实践的即兴投入的审美感知和审美创造。

"诗与思"源自对语文课程独到的领悟。一个精妙的问题，如一粒石子投入湖心，激起思维的涟漪向宽阔的空间弥散；一个独具匠心的教学设计，能为学生提供丰富的想象空间或意义领域，让学生的思维多向发展，在自由思考的灵性空间生发智慧，锐意创新。袁爱国，正是这样一位老师。

"诗与思"源自教师闪光的思想。巴尔扎克说："一个能思想的人，才是一个力量无边的人。"思想让教师"不跪着教书"，让学生的脊梁挺得更直。一个有思想的语文教师，不会囿于教参的解读而束缚学生的思想、压榨学生的思维；一个有思想的语文教师，不会只是将目光停留于学生每次检测的分数，围着无数试题殚精竭虑；一个有思想的语文教师会用思想的火炬点燃学生青春的激情，让他们挺起胸膛，奋力拼搏。袁爱国老师便是这样做的。

有人说，我们是生存在时间的深度上。我想说，作为教师要生存在教学的深度上。像袁爱国老师那样，在"诗与思"之间修行，做一名有深度的教师。

## 三、用思想引领发展

南京市第十二中学校长、南京市鼓楼区教师发展中心副主任、特级教师徐树忠老师做了题为《让思想照亮实践的园地——名师工作室建设与管理》的报告，报告鼓舞人心，给人印象深刻。名师要用思想引领发展，带动辐射，正如徐树忠老师所讲，用思想和精神凝聚人、影响人、鼓舞人、激励人。

让思想照亮课堂教学实践的园地，不可忽视以下两点。

一是引领教师追寻智慧教学，从研读教材开始。要在精心解读教材的基础上整合教材、重构教材、超越教材。要正确理解和把握教材的价值取向，判断学生学习教材时可能遇到的情况，结合教材的重点和难点，善于开发和利用教学资源，用好教材这个"例子"。

二是引领教师立足课堂主阵地，深入推进课堂教学改革。随着新高考、新课改的推进，课堂教学改革成效显著，从形式到内容到实质，都发生了很大的变化。"以学定教""先学后教"等新的教学理念、思想正在引领着我们的课堂教学，但一些新问题也不同程度地出现，如"满堂问"的现象、"合作探究"太随意的现象等等。所以在课堂教学实践中，要做一个会思考的人，做一名学习型兼反思型的教师。要以引领教师深入推进课改，真正做到让学生真学、真思、真练、真会，学生的主体地位切实落实，教师的主导作用恰如其分，让课堂互动自然、和谐、融洽。

名师要立足课堂教学实践的园地，以自己的思想和行动引领教师增强文化底蕴，提升课堂教学机智，彰显创新精神，让教师在不断思考中改变，在不断改变中实现专业成长。

## 四、做一个有教育情怀的老师

一周的研修，我们不仅接受了南师大教授、博士生导师喻平，东南大学教授杨元魁，南京市第十七中学校长袁爱国，南京田家炳中学校长曹李莉等一批国内教育专家的授课，受到了他们的理论洗礼，而且还倾听了来自一线特级教师的分享，同时还参观了陶行知纪念馆和南京的几所名校。研修虽已结束，可内心深处仍涌动着一种无名的激动，梳理研修的内容，一个词清晰的出现在我的脑海中，那就是"教育情怀"。

"生活不止眼前的苟且，还有诗和远方。"是的，教师的工作充满酸甜苦辣，但是，我们不能任由生活的艰难销蚀我们的梦想。苏霍姆林斯基说："所有能使孩子得到美的享受、美的快乐和美的满足的东西，都具有一种奇特的教育力量。"我想，这种教育力量应该来自教师的教育情怀。

一个有教育情怀的教师应该表现出对教育的坚守和执着。毋庸置疑，我们教师的价值在于实现教育的价值，教师要实现教育的价值，就离不开对教育的执着。有了对教育的执着，教师才能够真实地感受到职业生活的幸福和快乐。著名特级教师于漪曾经说过：一辈子做教师，一辈子学做教师。教师的教学生涯就是一个在坚守中不断提升的过程，坚守是艰辛的、枯燥的，因此教师要能够耐得住寂寞、守得住清贫，甘做"麦田的守望者"。

一个有教育情怀的教师应该表现出对教育真谛的不懈追求。陶行知先生说，教师是"千教万教，教人求真"，学生是"千学万学，学做真人"。三尺讲台维系着国家和民族的命运，每一位教师都肩负着民族的希望。只有不忘初心，永远怀揣着自己的教育理想，不断追求教育的真谛，用爱培育爱、激发爱、传播爱，用真情和真诚滋润学生的心，才能培养出对中华文化、中国精神、中国价值有归属感乃至有信仰的年轻一代，从而为实现中华民族伟大复兴的中国梦输送源源不断的生力军。

（2018年7月，在南京晓庄学院参加淄博市教育高层次人才专题研修班）

# 山东省普通中学课程建设专题研修班研修心得

## 一、让课程成为学校最重要的产品

听了北京市十一学校几位老师关于课程开发的分享，我深受启发，感触颇深。印象最深的是十一学校课程开发的顶层设计——"顶天立地"："顶天"即依据国家课程方案和学校育人目标的要求，"立地"即根据学生发展的需求，根据学校的基本状况，增加宽度、厚度和深度。毋庸置疑，课程是学校最重要的产品，有优质的课程，才会有优质的教育。为此，北京市十一学校注重文化认同，出台了《北京市十一学校行动纲要》。他们实施课程首席教师制，充分发挥学术带头人的引领作用，并且以学术方式推行实施；他们以课程带动学生，学生倒逼老师，以变革为平台，促进教师自我成长。

所以，让课程成为学校最重要的产品就要在变革中突围。

一要重文化认同，做好顶层设计。李希贵校长、刘伟院长和郭学军主任都强调了"文化认同"在课程开发中的领导作用。李校长说："不做顶层设计而从基层改革，往往是不成功的。"郭学军主任说："有了文化认同，才会目标明确，方向一致……遇到困难和问题时，才会不在方向上摇摆，而是把精力用在解决问题的策略方法上。"我们学校的文化理念是"绿色和谐"，就是要构建"绿色和谐"的课程体系，拓宽学生健康成长的空间，实现学校课程的可持续发展。要进一步提升全校师生的文化认同感，以文化理念为先导，引领教师在变革中超越，从而让学校课程成为学校最重要的产品。

二要重教师的主体作用，搭建教师专业发展平台。学科教师是课程开发的主体，北京十一学校高度重视课程开发工作：每年利用寒暑假，集中教师封闭研发，教师全员参与，以学科组为单位进行研发；实施课程首席教师聘任制，每年一聘任；成立课程与教学研究院，把控课程研发过程中的关键节点和关键时间点；成立学科委员会和学术委员会。北京十一学校充分发挥学科教师在课程开发中的主体作用。就我们而言，要进一步建立起以校为本的教学研究制度，加强对教师的培训与指导，通过学习，加强教师对新课程的认识与理解；积极面对新高考，沉下心来研究新高考制度改革带来的巨大挑战；有计划、分步骤组织广大教师立足教育教学实践，积极开展教育教学研究，不断提高教科研能力和水平，尽快让每一位教师都成为学科领域中的专家，充分发挥其在课程开发中的主体作用，使新课程、新高考的实施过程成为教师专业发展的过程。

三要整体设计，逐步推进，不断完善。北京十一学校基于学生的需求，在育人理念的整体框架下，研发了分层、分类、综合、特需课程体系。北京十一学校郭学军主任说："设计这一概念，在当今社会，太重要了。"他们的课程体系，经过了一系列的年度设计（2008年育人目标确定年，2011年课堂研究年，2012年制度重建年，2013年教学落实年，2014年反思调整年，2015年学校战略转型年），从这个年度时间表可以看出，北京十一学校的课程开发是在顶层设计文化认同的基础上，逐年推进，逐步完善的。正如郭主任所说，要想清楚了再做，没有想清楚的先不做，不能搞一刀切。我校学校课程大致分为五类：学科基础类，学科拓展类，卓越人才培养类、研究性学习类、生涯规划类。学校在开设了太极拳和音乐美术类学校课程的基础上，从2010年开始，利用临淄的三张名片（"齐国故都""世界足球起源地""历史文化名城"），开发了"齐鲁文化研究""蹴鞠与世界足球起源""历史文化名城的经济与环保"等系列的学校课程，为学生提供了更多可选的学校课程。在此基础上，我们要分层推进，不断完善，同时重视课程评价的不断优化与完善，逐步建立起"绿色"可持续发展的学校课程体系。

## 二、在变革中走向新生

### ——对核心素养落地的思考

2018年1月，教育部发布了新修改的普通高中课程方案及课程标准，明确了学科核心素养要求。新方案及新课标，更关注学生素养的培养及各学科核心素养的达成。

北京十一学校副校长、北京市生物特级教师王春易老师的《基于标准的学习单元重构》报告和李春宇老师的《基于实验的物理教学》的报告给了我们很好的启发和引导。王春易老师用近三个小时的报告，介绍了北京十一学校采取的一系列课程教学改革，激发和唤醒了学生学习的主体意识，从各种案例中反思经验，让我们明确了新课程标准下核心素养的实施途径：一是把对学习目标的评估从过去的放在教学活动后，改在进行教学设计前；二是把过去以教材作为教学的全部内容转变为完成评估学习任务的资源之一；三是把对学习成效的评价贯串教与学的全过程；四是在教学方式上把过去以讲为主转变为多种多样的个性化学习。

反观我们的现状，该如何让核心素养真正落地呢？

本人以为，教师素养、课程建设、课堂教学是不可或缺的三个方面。其中，教师素养是根本，课程建设是中心，课堂教学是关键。

1. 立足根本，重视教师的转化作用

学科核心素养培育，只有获得教师的广泛认同和积极参与，才能落地生根。所以，提升学生的核心素养必须从提升教师的核心素养开始；推进基于核心素养的教育教学改革必须从转变教师的教育教学观念开始。在教师的相关因素中，教育观念的转变与更新对落实核心素养理念，促进基于核心素养的课程改革有着举足轻重的作用，因此，帮助教师彻底改变旧的"应试观""升学观"，建立与素质教育相适应的新型教育观、质量观和人才观尤为重要。

采取走出去和请进来的方式听专家讲座，让教师清晰地认识到以下几个方面：一是核心素养与传统教育相比，更关注人的发展，它聚焦学生发展的关键品格和必备能力，着力促进学生全面而有个性的发展；二是核心素养培育是站在世界的高度，具有全球化的特征；三是核心素养培育是每位教师应担负的历史责任；四是核心素养培育是师生共进，实现教育双赢的必由之路。

2. 构建有利于核心素养生成的课程体系

核心素养落地，要以课程建设为中心。核心素养既是课程目标，又是一种新的课程观，是构建信息时代课程体系的出发点和归宿。为顺应不同时代要求，我校的课程体系几经更新，2017年推出最新的3.0版课程方案，最根本的目的就是让课程教学更好地与培育学生的核心素养对接。学校立足实际，充分利用各种教育资源，进行国家课程的校本化开发，并结合本地具有特色的教育资源，加大拓展性课程开发力度，有计划、分门类、分层次推进。同时高品质开设综合实践活动课程和社团活动课程，不断丰富和完善学校课程体系。

3. 抓住关键，在课堂上真正落实核心素养

让核心素养在学科教学中顺利落地，需要有"学科表达"和"教师理解"，更需要聚焦课堂。把基于核心素养的教学真正落实到课堂教学中，落实到学生的学习方式和教师的教学方式的深刻变革中，核心素养才会由一个抽象

的理念变成一个看得见、摸得着的行动，核心素养才能真正成活，才会有生生不息的生命力。

北京十一学校王春易校长强调：一位优秀的教学工作者应用至少60%的时间来从事教学目标的设计。她提出从学习单元出发，结合课程标准，把国家课程标准逐步分解转化为每一学年、每一学期、每一单元、每一节课的学习目标，并用大量具体的教学案例来启发我们怎样制定科学合理、符合学生实际、分阶段、分层次的学习目标；提出学习的过程应是基于课程标准、确定学习目标、评估学习目标而进行的教学设计。由此可见，课堂是核心素养落实到课程中最为微观、具体的层面，是核心素养能否真正落地的关键环节。

### 三、用心灵拥抱教育

从北京十一学校本部，到亦庄实验中学、龙樾实验中学，最后再到一分校，一路走来，当我们思考"什么样的教育是最好的教育"或者"如何成为一名优秀的教师"这一类问题的时候，我想李希贵校长和他的团队关心的应该是，"谁"在教书？"我"的心灵是什么样子？"我"如何面对教与学的关系？"我"如何处理自己与学科、学生以及同事之间的关系？这些问题最终指向的是，认识你自己。正如有人问苏格拉底："世上何事最难？"答曰：认识你自己。李希贵校长和他的团队做到了。从学科教学到学科教育的华丽转身、学校转型；从变革教学组织形式，到全面实施选课走班，让每一个学生成为最好的自己……我们看到的是他们重新认识教学，真正认识自己，将自己的生命融入职业之中，用心灵拥抱教育。

用心灵拥抱教育才会呈现"所有的选择都是因为学生"的理想状态。正如李希贵校长所说："我们的突破是从选择开始的。好多问题都是因为有了选择，才迎刃而解。商场里的东西，不用粮票、布票，你拿着钱就可以买，就很自由；有了自助餐，吃饭喜欢吃什么就取什么，自在了很多。具有选择权，是让学生自由呼吸的一个前提。"他们依据国家课程标准，依据学生的个性发展需求，构建分层、分类、综合、特需的课程体系，构建这样的课程体系的原因只有一个，就是从学生的"学"和"需"出发。全校有4 000多名学生，就有4 000多张不同的课程表，真正实现"走班上课"，才能真正落实素质教育。

用心灵拥抱教育才会担起"关注每一个"的责任与使命。无论是十一学校本部，还是亦庄实验中学、龙樾实验中学及一分校，他们关注学生的需求，不仅关注普遍需求，更关注个别需求。十一学校设置了援助课程和枣林村书院课程。援助课程帮助"学不足"的孩子夯实基础，转变学习态度，为后续的学习做好铺垫。枣林村书院课程关注的则是那些偏才、怪才，为培养有特长的学生而设立，正如枣林村书院副院长魏勇所说："我们要把学生培养成既有特殊专长又有独立人格的人。"这些课程都是为学生量身定制的，如针对英语特别棒的学生开设英文原著赏析，针对体育专业学生开设特别数学课等等。学生在书院上课形式自由，导师和学生之间就像师父带徒弟，两个人一对一进行交流、探讨。

用心灵拥抱教育才会建立"平等的师生关系"。李希贵坦言："平等了之后，孩子们才变得真实起来。在老师面前不再需要伪装，全部坦露出来。""这意味着真正的教育来到了，这时候需要智慧的教育。过去学生出了什么问题，班主任更多是用手中的权力批评学生，或者打电话告诉家长，可是学生心里并不服。那是假教育。"诚然，建立良好的师生关系可以为师生提供一种心情舒畅、气氛融洽的环境，在这样的环境中，教师与学生彼此之间会具有更大的心理相容性与积极主动性。我们确实应该蹲下身子，学会倾听，多些对话，少些训诫，多些真实，少些假象，营造民主和谐的教育氛围。十一学校及其分校的老师们其实很辛苦，但我感受到的是他们内心的充实与兴奋，其言谈举止中传递的是真的在干教育事业，没有怨天尤人，没有职业倦怠，有的是满满的教育激情。"的确是很辛苦，但当工作成为习惯，有时反而感到很充实，很快乐。"这是十一学校老师的心里话。虽然他们学历高、待遇好，但他们那种超越物质之上的思想境界着实让人敬佩，他们敬业奉献、孜孜不倦、无怨无悔，他们有着把教书育人当作事业的人生追求和教育情怀。

所以我想，我们该重新燃起教育热情，将自己过往的点点滴滴用心灵整合起来，将知识当成一种信念，将教学当成生生不息的对话，把自己融入师生共同体之中，倾听自己心灵最真实的声音，用心灵拥抱教育，我想教育的无限与永恒将握在我们的手中……

## 四、问渠那得清如许，为有源头活水来

### ——从李希贵校长的《面向个体的教育》说开去

（在结业典礼上的发言）

2018年10月10日—19日，在这整整10天的时间里，从北京十一学校本部，到亦庄实验中学、龙樾实验中学、一分校，最后再回到亦庄实验中学，每一天的每一个相遇都感觉像一缕春风吹来，舒心惬意，更感觉像一股清泉在心头流动。为什么十一学校从内到外透着力量，散发着芬芳，吸引了全国同行的众多目光？为什么他们会让我们流连忘返、如此感动？

去年暑假我读了李希贵校长的《面向个体的教育》，这几天翻阅李校长的《学校转型——北京十一学校创新育人模式的探索》，同时得以近距离接触李校长，感受十一学校，我觉得我从更深层的意义上读懂了李校长，读懂了十一学校。

《面向个体的教育》的扉页上有一行字："谨以此书献给我的父母。"这句话简单、平实，似乎与书无关，我曾凝神思索：这里面隐藏着一种怎样的情愫？是"忠孝不能两全"的愧疚？还是对父母多年来默默理解与支持的感恩？抑或是用"仰不愧于天，俯不愧于人，内不愧于心"的责任与担当来报答父母

给予的生命？我想，应该兼而有之吧。简单、平实的一句话蕴含的是李校长深沉的教育情怀啊，我想这深沉的教育情怀才是李校长、十一学校何以让我们感动、流连的真正原因吧。

1. "深沉的教育情怀"催生了先进的教育理念

李希贵校长说，在传统的学校里，教育的全部意义可能就是教给学生知识，培养学生的能力，可是，如果我们从教育的终极目标看，却应该是通过挖掘他们的潜能，培育他们的人性，不断推进孩子们的社会化，让他们走向成熟，学会自我生存。十一学校制订了自己的《十一学校行动纲要》，《十一学校行动纲要》涵盖了学校的发展战略、目标要求、管理体制、工作机制等方面的内容。这是李希贵校长和老师们集体智慧的结晶，是全校师生共同的价值取向与理想追求。"志远意诚、思方行圆"是他们的校训，意为志存高远、诚信笃志、言行规范、思想活跃。理念决定行为，理念决定发展方向。李校长和他的同事们认为教育的根本目的是帮助学生发现自己、创造自己、实现自己，给每个学生装上自我成长的发动机；发现、唤醒和帮助是教育的重要任务，发现学生的潜能比发现学生的问题更加重要……所有这一切入心入脑，醍醐灌顶，让我们更加坚定了教育的信心和方向。

2. "深沉的教育情怀"催生了宝贵的改革精神

把想法变成现实需要宝贵的改革精神。基于教育困境和理解的召唤，李校长他们选择了突围，做出大胆而宝贵的改革。李校长说："我们的突破是从选择开始的。好多问题都是因为有了选择，才迎刃而解。"于是，这里大胆地取消了班级，也不设班主任，每一个学生都有一张自己选择的、独一无二的课程表，他们每天背个书包从这间教室走到另一间教室去上课，真正实现了"走班上课"。我想，这其中历经的磨难、冲击、无奈只有李校长和他的同事们会深深记得，就像李校长所说："就算再痛苦，也不能再倒退回去，只能往前走。"但我们能想象得到，没有一种责任和担当，十一学校何以能走到今天，没有一种深沉的教育情怀，他们何以能创造出基础教育的一座高峰！

3."深沉的教育情怀"催生了不一样的学校课程体系

"顶天立地"的顶层设计，依据国家课程方案和学校育人目标的要求，基于学生需求，从学生实际出发，构建起分层、分类、综合、特需的课程体系，让自主选择、选课走班直指核心素养，让核心素养真正落地生根。在这里，我们看到了269门学科课程、34门综合课程、70个职业课程和60个管理课程，还有260个社团；这里对数学、物理、化学等课程进行分层开设，对语文、英语、历史等课程进行分类开设；开设了艺术类综合课程；针对特别学生开设了一对一的特需课程；利用小学段针对部分学生开设了援助课程。在这里，课程标准变成具体的课程标准细目和学习目标，变为可操作的表述、可量化的标准；在这里编写课程标准细目和学习目标成为学科组教研活动的主要内容，让课程标准细目和细化的学习目标成为学生学习的依据。

4."深沉的教育情怀"催生了不一样的学科教室

"把学科资源放在离学生最近的地方。"这里，基于学科特点，从学科育人需求出发，为学生的学习服务。学科资源、学习工具、学习规范、学科特点在这里集中展现；学生在这里学习，老师在这里办公，师生在这里交融，学科教室成为学生最喜欢的地方。李春宇老师《基于实验的物理教学》的报告，从学科的特点出发，以实验为载体，科学探究为途径，教会学生从生活中发现问题、提出问题，探究与解决问题，让学生用科学的眼光去思考问题。从其他领导、老师的报告里，从校园里学生灿烂的笑容、丰富多彩的创造成果中，我们真切地感受到，这里的学生爱上了学校，爱上了学习，爱上了活动，爱上了阅读；在这里，学生的天性和才能得到了充分的保护和发展，这里真正成了每一个孩子实现梦想的摇篮。

十天的研修学习，给我们留下了太多难忘的美丽印记。无论是李希贵校长、李长青校长、王春易校长等学校领导的报告，还是郭学军、杜志华等管理干部及各位老师的报告，带给我们的都是一场场真实而又精彩的讲座，让我们对教育教学有了更深的理解和感悟。

感谢李希贵校长和他的同事们，感谢十一学校及其分校，尤其感谢班主任赵风华老师给予我们无微不至的关怀和帮助，感谢北京卓越教育科技研究院，感谢来自全省的同行朋友们，是大家的付出和坚持，才有了今天的圆满结业！

我所在的淄博七中，是一个备受社会和家长关注的学校，也是一个教育教学压力极大的学校，多年来，我们学校一直坚持"让每一个学生成才发展"的办学理念和"勇于进取，敢于担当"的校训，取得了优异的成绩，赢得了社会各界的广泛赞誉。

我很感激我的学校，在这个平台上，我成长为山东省特级教师、正高级教师、淄博市有突出贡献的中青年专家……

今天，是我教育教学生涯的一个新的起点，在这里，我遇到了更好的自己，我将带着对教育的激情和忠诚，带着满满的收获而归，并努力完善以下几点：

（1）坚持"本色语文，生命课堂"的教育思想。提升人格魅力和人生境界，做一名有教育情怀的教师和管理者。

（2）依托我的名师工作室，积极推进学校课程研发。一方面加强自身课程开发能力和领导力，在已开发的《高中语文美育指引》《基于网络的读写课程》《唐诗宋词伴我行》课程基础上，继续研发《文学类阅读课程》《人物评论类阅读课程》等等；另一方面，积极推进学校"绿色""生态"可持续发展的课程体系建设。

（3）切实推进课堂教学改革与实践。立足学校实际，在原有的基础上，引领教师逐步进行"基于标准的学习单元重构"，并以此为抓手，切实推进课堂教学改革与实践，加强知识与生活、课堂与社会的链接，真正落实学科核心素养。

孔子曰："生无所息。"担负着教书育人这一庄严的使命，我将点燃新的教育梦想，在追求教育本真的道路上和我的老师们不忘初心，砥砺前行。

诚恳希望大家批评指正！在今后的教育之路上诚恳希望李希贵校长、十一学校给予更多的指导和帮助！

谢谢大家！

祝大家工作、生活愉快！

2018年10月18日

北京·亦庄

（2018年10月，在北京十一学校和北京十一学校亦庄实验中学参加淄博市教育高层次人才专题研修班）

4

第四章

## "本真"教育

　　教育是有内在规律的，教育是永无止境的。2015 年 9 月，我有幸被淄博市教育局授予"首批名师工作室（高中语文）主持人"称号，这为我的教育生涯注入了新的活力。我和我的团队以"本色语文，生命课堂"为出发点，在教育创新与变革中追寻教育本真，守护教育生命，努力做实实在在的真教育。

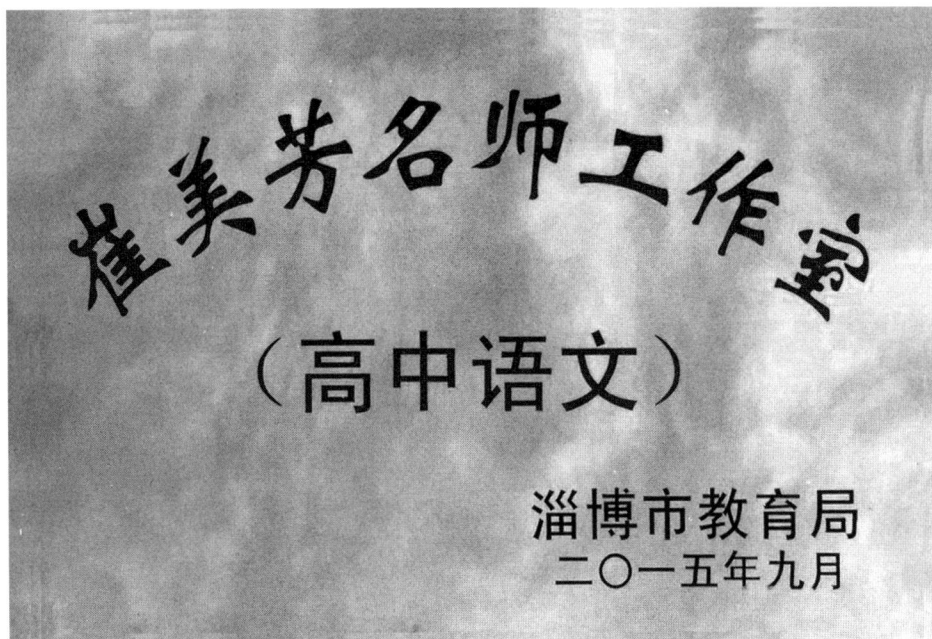

崔美芳名师工作室

（高中语文）

淄博市教育局
二〇一五年九月

2015年9月8日，我被市教育局授予"首批名师工作室（高中语文）主持人"。
工作室成员最初有孟宇辉、王静、杨希芹、邹坤峰、王磊平5位老师，2016
年11月增加孙大燕老师，2017年11月增加袭建平、赵宪春、李学志3位老师，
2018年11月增加丁亮、兰陵、王俊花萌、赵春霞4位老师。

# 追寻教育本真　守护教育生命

## ——在全市第二批名师工作室授牌仪式上的经验分享

各位领导、各位老师：

大家好！很荣幸有这样一个机会跟大家一起交流工作室开展情况，分享我们心中对教育的感悟与收获。感谢局领导给我们这个平台，真的很庆幸，走过27年教育教学生涯的我，今天依然能有这样一份沉甸甸的邂逅，来表达对教育事业的一往情深。

今天我分享的题目是"追寻教育本真，守护教育生命"。

回忆我们工作室三年艰辛而又不断跋涉的旅程，想想工作室以及各位成员、学员所取得的进步与发展，我们颇感欣慰：困难与责任同在，奋进与成就共存。

## 一、工作室基本情况

2015年9月，乘市教育局隆重举行首批名师工作室授牌仪式之东风，我校出台了《淄博七中关于建设首批名师工作室的通知》，10月实体工作室建设基本到位。工作室有独立的办公场所，配有电脑、打印机、网络设备及图书资料等基础设施，在硬件投入上学校领导给予了大力支持，同时学校建立了名师工作室经费保障机制并予以落实。2016年初我们初步完善了网络工作室，利用QQ群、微信群、博客等网络平台成立学习共同体，在合作、学习、交流、探讨中实现资源共享，提升专业素养和专业精神。

在发展过程中，工作室不断吸纳新生力量，成员由原来的6人发展到现在的9人，结对指导的青年教师由原来的11人扩大到20人。

具体工作开展情况如下：

1. 每学期举行两次大型的专题学习研讨活动，活动有记录，有总结，但更注重实效；

2. 共举行市区级公开课、"一师一优课"活动15次；举行校级公开课、观摩课、示范课30次；积极开展名师讲堂、名师沙龙等活动，举行各类培训、专题讲座10余次；

3. 主持人、成员、学员开展听评课活动每人累计均达30多次；

4. 成员与学员结对帮带分工明确，1名成员均带1～3名学员，并将工作室的先进经验、成果及时传播；

5. 积极进行科研课题研究与实验。2015年10月，我们从教学实际出发确立了自己的课题《语文阅读课程化的研究与试验》；2017年10月，工作室承担的省级课题《新课程背景下高中新教师专业成长的应用研究》顺利开题；

6. 创立了工作室专刊《本色语文 生命课堂》和《教研视线》。

三年的努力，每位成员都有了长足的发展。三年中我们获各种奖励30余项，发表和获奖论文近20篇，其中本人获奖两篇，在全国中文核心期刊发表论文2篇；2017年，我顺利通过正高级教师评审，荣获"振兴淄博劳动奖章"称号；2015年、2017年，工作室牵头承担的市级教育创新项目《创编高中语文美育指引》《构建新高考背景下学科核心素养体系》均获全市教育创新成果提名奖。

## 二、建章立制，凝聚合力

工作室成立之初，我们认真学习了《淄博名师工作室建设实施方案》，结合自己工作室及语文学科特点，制定了工作室三年发展规划和每学年工作计划，并得到了学校的支持与认可，被纳入学校发展规划和工作计划中，这保障了工作室各项工作的顺利推进。工作室成员根据个人专业水平，制定了专业提升及发展规划，包括成长目标、学习课程、读书计划、研究专题、作用发挥等。还制定了工作室规章制度、主持人及成员职责等，旨在通过有组织、有计划、有步骤的活动，使工作室成员在师德规范上出样板，课堂教学上出精品，课题研究上出成果，实现工作室成员的专业成长，同时发挥其应有的示范和引领作用。三年来，我们不忘初心，奋力前行，较好地完成了计划任务和规划目标——

身为市骨干、拥有硕士学位的孟宇辉老师勤恳敬业，善于实践和探索，现在已成为语文教研组长；作为校园"语文社"的首席辅导老师，她带领三名学员指导学生在全国各类作文大赛中收获奖项100多人次；2016年她被选为山东省高中远程教育传统文化专题工作坊成员。

身为市骨干的王静老师爱思考，爱写作，沉静与踏实一如她的教学；她的论文《〈论语〉诵读与语文素养培养》发表在《中学语文教学参考》上，《一次探索性的阅读课》发表在《语文周报》上；她指导的两名学员在全市"一师一优课、一课一名师"活动中获得淄博市优课荣誉。

身为市骨干、班主任的杨希芹阳光乐观，充满激情，2016年牵头组建校园戏剧社，指导的戏剧《黎明之前》在市百灵艺术节活动中获一等奖；2017年受聘为山东省教师教育远程研修"互联网+教师专业发展"指导教师。

邹坤峰老师努力追求语文教学的实效性，为提升学生语文综合素养而不懈努力，今年与结对指导的丁亮老师一同成为第六批市骨干教师。

年轻的王磊平老师是校园文学专刊《淄水》的首席指导老师，在营造浓厚的校园文化氛围、活跃学生生活、提高学生写作水平方面成绩突出，三年中指导学生作文发表和竞赛获奖60余人次。

最年轻的孙大燕老师锐意进取，勤于反思，取得了突出的教学成绩，在同龄人中脱颖而出，2015年底在全市美育推进会上执教观摩课《致橡树》受到普遍好评，2016年底被吸纳为工作室成员。

李学志老师才思敏捷，业务扎实，2015、2016两年参加了山东省高考语文阅卷工作，2017年高考前夕，专门就高考阅卷中发现的学生答题问题和丢分情况给大家做了专题讲座；2017年底被吸纳为工作室成员。

袭建平老师认真务实、勤奋肯干，2017年底被吸纳为工作室成员，现已成长为语文备课组长。

### 三、责任在肩，示范引领

1. 着力建设有特色的工作室。三年来，工作室以本人提出的"本色语文，生命课堂"教育理念作为教学研究与实践探索的核心思想，以《语文阅读课程化的研究与实验》课题和创编"高中语文美育指引"为桥梁，指导青年教师发展成长，建成有自己特色的工作室。其主要特色：一是工作室教育教学科研理念鲜明突出——"本色语文，生命课堂"，把语文教师的眼光引向语文本真和生命本真，打通了课堂教学、语文实践与学生人生体验的路径与渠道；二是瞄准当前学校及淄博市教育的紧迫问题，结合新课程和新高考两项改革，广泛开展各项活动，带动青年教师发展成长成效显著。2016年5月，淄博电视台《淄博名师访谈》栏目走进我校，对工作室情况进行了全面采访和报道。

我们致力于成为"学习型""研究型"的有深度的语文教育团队，带动教师教育教学水平的整体提升，为实现学校乃至全市语文教学的可持续发展提供人才保障和智力资源。

2. 勇挑重担，让美育的种子深深扎根于语文的沃土。根据市局创编的《学科美育指引》的通知要求，我们工作室主动作为，积极探索，率先带领语文组老师担起了创编《高中语文美育指引》以及"学科美育渗透与融合"实验的重任，在全市美育探索中先行先试。同时，我们把《创编高中语文美育指引》作为市级教育创新项目，扎实推进。在编写过程中，我们紧密结合课堂教学实践，让理论与实践互动生成，既保证了编写质量，又丰富了课堂实践，在学科美育教学改革中取得了明显成效。最终，我们承担的创新项目获市年度教育创新成果提名奖；编写的《高中语文美育指引》在2017年第三届全国美育大会上得到专家的一致认可和普遍好评，并在全市范围内推广试用。

3. 推进阅读，让心灵飞翔。我们清醒地认识到语文核心素养的四个方面——语言建构与运用、思维发展与品质、文化传承与理解、审美鉴赏与创造，无一不与阅读有关，而高中生的阅读现状令人担忧。一方面是快餐文化的蚕食，使学生仅仅看到时尚，看到皮毛；一方面，成绩的压力、升学的现实，使得学生即使想阅读也只是浮光掠影，为作文寻找素材，为单调的生活增添点情趣。阅读，在目前的形势下缺乏坚实的土壤。那么，如何在有限的时间和空间里让学生找到阅读的方向？养成阅读的习惯？这应该成为每一位语文教师必须考虑的问题。我们工作室从这点出发，确立了《语文阅读课程化的研究与实验》课题，大力推进语文阅读活动。

首先，大力倡导读书成长的理念。号召语文老师、班主任向学生和家长做好沟通与宣传工作，确立读书成长的理念，激发起学生阅读的强烈愿望。其次，全力营造书香育人氛围。一是充分利用学校阅览室，二是建立新华书店书吧。临淄新华书店入驻我校之后，融阅读课、借书、自由阅读功能于一体。书吧定期开展"好书大推荐"和"心灵驿站"阅读展示活动，不断激发学生阅读兴趣，为丰富学生的阅读内容、开拓学生的阅读视野起到了保驾护航的作用。

三是教师编印阅读手册——《文萃》，在读写结合中解决学生阅读和写作中的问题。四是精心组织语文阅读活动。我们跟学校团委携手共同开展"春天送你一首诗""走近经典"等朗诵会，举办"青春风采"演讲比赛、"汉字听写"大赛，举办辩论赛、手抄报评比等活动。积极组织学生参加在全国有广泛影响的"叶圣陶杯"全国中学生新作文大赛、全国中小学生创新作文大赛、"希望杯"全国中小学生作文大赛等并取得优异成绩。三年来，在语文阅读与写作活动中，我们指导的学生获国家级奖项50余人次，获市级以上奖项200余人次。

### 四、我们的感悟

怀揣语文教育美好的梦想，执着于生命价值的实现和人生境界的提升，我们在求索中领悟，在领悟中升华。

1. 让读书成为生活的姿态。我们需要远大的教育境界、开阔的教育视野、灵活的实践智慧、丰厚的文化底蕴，而读书可以给我们提供新鲜的血液，给予我们前行的不竭动力。我们组织读书会、阅读沙龙，撰写读书笔记，开展阅读交流与反思，从而开放视野，涵养心胸，积淀起丰厚的文化素养，不断更新教育理念，优化专业知识结构。

2. 让反思成为习惯。叶澜教授说："一个教师写一辈子教案不一定成为名师，如果一个教师写三年教学反思就有可能成为名师。"反思让我们捕捉教学中的灵感，使我们的经验升华。我们开展专题研讨，针对疑惑深度钻研，在教与学、实践与反思中保证我们不迷失，促进专业水平、教育智慧和人格魅力的不断提升。

3. 让博采成为内心的需要。我们需要学习名家，他们精深的教育思想诠释着别样的、更为动人的语文教育之美。我们坚持吸纳众家之长，坚持"请进来，走出去"，聘请名师专家讲座研讨，问诊课堂，分享教科研智慧，为工作室的教育科研提供智力支持，激发工作室成员的教学教研潜能，使工作室加大自身"造血"动力。

4. 让实践成为成长的自觉。实践是创生思想、反思教学的重要环节。我们以课堂为主阵地，开展主题教学、同课异构、观课评议等活动，在理论与实践的紧密结合中提高执教能力和艺术水平。

5. 让带动辐射成为责任和使命。我们深知"一花独放不是春，百花齐放春满园"，所以，我们特别重视对青年教师的培养工作。各级各类教学大赛，我们总是鼓励青年教师积极参加，并帮助他们精心准备，为他们提供最大的帮助和最有力的支持，使他们的教学艺术水平得到磨炼与提高。同时，我们依托课题和网络教研平台，紧密结合教学实践，积极有效引领青年教师成长，对形成我校合理的教学梯队做出积极贡献。

走上语文教育的路，是我这一生幸运且幸福的事。为此虽"衣带渐宽"，却无怨无悔。它唤醒了我沉睡的智慧，丰富了我的精神世界，使我的人生变得充盈而富足。无论是"山东省特级教师"荣誉称号的获得，还是"淄博市有突出贡献的中青年专家"荣誉称号的获得都更加笃定了我对教育的信念。漫步其间，总有不期而遇的机遇使我们不断踏上崭新的、充满希望的征程，淄博市名师工作室的成立给我们带来的是绚烂与明丽的春天。

再次感谢市局领导，也感谢在座各位的倾听。我们将一如既往把这份沉甸甸的责任和使命捧在手中，扛在肩上，放在心里，追寻教育本真，守护教育生命，相信前方一定是个云蒸霞蔚的灿烂明天！

谢谢大家！

2018年3月21日

2016年5月12日，淄博电视台《淄博名师访谈》走进淄博七中，对淄博名师、淄博市首批名师工作室（高中语文）主持人崔美芳进行了专访

# 开展教师教学微技能提升活动

## ——2012 年教育创新项目介绍

### 一、"教学微技能"概念说明

教师教学的具体行为技巧就是教师的教学"微技能",这些技能是影响教学有效性的关键。

教师教学的"微技能"是教师教学能力的主要组成部分,它由教师在教学各环节处理相关问题的技能与策略组成。教师的专业能力最终体现在这些微技能上。

### 二、理论依据

"教学微技能"理论依据是美国的微格教学。微格教学(Microteaching)又称微型教学,是20世纪60年代开始创立和发展起来的。开始比较简单,只是运用教育技术手段把师范生实习讲课时的行为录下来,反馈给学生,让学生自己来评价分析他的教学行为,从而正确地掌握教学技能。由于不是大班讲课,只是少数几个人的研讨，因而称之为微型教学。以后在理论和实践上都有了很大的发展。它的主要特征是根据行为主义心理学的理论，将复杂的教学活动分解为各种可操作、可控制的教学技能，运用现代教育技术手段，起初是录像机，后来是计算机、多媒体电脑等可以反馈的系统进行教学训练。

"双主"教学模式。新课程改革的重点之一是转变学生的学习方式，改变传统的以"教师为中心"的以"教"为主的教学模式，构建起以"学生为认知主体，教师为教学主导"的以"学"为主的"双主"教学模式，使学生的学习能完全摆脱传统的束缚，促使师生间的课堂结构关系发生质的变化：教师由"教"转变为"导"。

教学微技能分类：一是观察课堂的主要方法的微技能，二是教师听课的微技能，三是教师改进课堂互动的微技能，四是教师运用课堂规则的微技能，五是有效课堂组织的微技能，六是教师制定单元和课时计划的微技能，七是教师课堂目标设计的微技能，八是教师课堂问题行为控制的微技能。

## 三、背景意义

### 1. 教师专业成长的需要

自推行新课改以来，我校教师的教学理念、教学方式在不断改变，但是在行动的落实上，尤其是教师的专业能力上还存在着很大的不平衡，教学低效、无效的现象时有发生。面对现实，促进教师专业发展，提升教师专业能力，尤其是教师教学微技能显得尤为重要。

### 2. "优质化工程"的带动

2009年，学校加入淄博市"优质化工程"项目，坚持走发展的道路，以达到持续提升教师的专业水平，增强教师专业成就感，同时减轻学生的课业负担，确保学生身心健康发展、素质全面提高的目标。开展教师教学微技能提升活动已被纳入学校三年发展规划中。

3. 领导重视，积极倡导

2012年新春，袁校长在全体教职工大会上做了题为《牢记责任，改革创新，提升学校教育品质》的讲话，指出："要全面推进学校'优质化'工程建设和'1751'工程建设，加强校本研修，通过'专业引领''同伴互助''自我反思'，尤其是教师教学微技能提升活动等途径，提高教师的教学能力、研究能力和课程开发能力，打造理念先进、业务精湛、充满活力的教师团队……"由此，教学微技能提升活动在全校范围内有序展开。

## 四、主要措施和实施步骤

按照"两步走"的设想开展教学微技能提升活动。第一阶段2012年，总结反思已有的微技能。主要做法，一是加强校本培训。2月份，以华东师范大学校长培训中心戚业国教授《教师教学微技能发展与课堂自我改进计划》为指导，采用个人自学、集体培训、网上研讨等方式不断提升教师教学微技能。3月9日，省基础教育课程研究中心主任崔成志带领"1751"工程专家组到我校做关于"'1751'工程项目学校"课程改革现状的专题调研；崔成志主任为全体教师做了题为"当前课堂教学改革的观察与思考"的专题报告，报告展示了很多学校课堂教学改革的成果，也指出了当前课堂教学改革中存在的问题，为我校继续深化课堂教学改革与教师专业成长提供了宝贵的经验。二是形成课题研究氛围。教师从自己的教学困惑处、不顺手处入手提炼问题，积极参与到教学微技能研究中，形成了良好的课题研究氛围。短短两个月的研究与探索，2012年4月初，老师们紧密结合教学实际，找到了自己教学微技能提升的方向，具有代表性的是，从细处入手，完善阅读教学的微技能；创设思维情境，提升教学的微技能；编制学案与教学微技能的提升；改进作业设计与教学微技能的提升等等。三是召开调度会，4月份，召开了两次教学微技能提升活动调度会，加强沟通与交流。五是开展丰富多彩的活动，如举办优质课评选活动，

5月份举办了学校优质课评选活动，通过听课、评课、赛课等方式，引领教师教学微技能的提升；举办论坛及论文评选活动，9月份，举办了本项活动论坛及论文评选活动；10月份《开展教师教学微技能提升活动文集》结集出版。第一阶段工作已顺利完成。

第二阶段工作重在攻关和推广。一是形成教育教学微技能课题研究氛围。10月份，以备课组为单位，确立1~2个微技能课题，教师全员参与，积极探讨，形成良好的课题研究氛围。二是围绕微技能攻关开展丰富多彩的活动。11月上旬通过"1751"工程同课异构、学校优质课评比、专题班会观摩等活动，引领教师微技能攻关。三是加强调度，召开调度会。11月下旬召开微技能提升攻关活动调度会。在互相交流的基础上解决问题，落实攻关的实效性。四是召开教育教学微技能课题成果交流会。12月上旬，进行攻关成果展示，召开课题成果交流会。五是总结推广。12月下旬，对教师教育教学微技能提升攻关活动的典型案例、课题研究论文、实践经验总结等进行文本和图片档案整理，选择高品质的成果结集出版和推介发表。

## 五、工作成效

1. 对课堂教学具有更强的指导性

教学微技能提升将丰富和形成教师的教学经验，提高教师的素质，直接为教学实践服务，提升教学技巧，增添教学艺术，从而激发学生的学习兴趣，提高教学质量。

2. 学生综合素质将进一步得到提升

教师教学微技能提升促使学生综合素质进一步提升。学生学习的方式方法会有很大改观，科学规划"自主学习"，充分利用"小组合作探究"学习，发扬"研究性学习"的优势，从而极大开阔了学生的学科视野和思维。

3. 培养新型的师生关系

新的课程改革的重点之一是如何促进学生学习方式的变革。新型师生间的课堂结构关系不再是教师一味传授，学生只管倾听的传统模式。教学微技能更多体现在教师由"教"变为"导"的教学策略上，教师的活动与学生的活动及学生之间的活动有机地融为一体，有助于提高学生的积极性，师生间能够平等对话与交流，真正体现教学的民主。

4. 助推学校内涵发展和可持续发展

通过第一阶段教学微技能提升活动和第二阶段教育教学微技能攻关活动的开展，为学校的教育教学管理精细化提供案例与经验。在促进教师专业成长的同时，进一步推进学校的内涵发展和可持续发展。

（此项目获得2012年度淄博市教育创新成果提名奖）

## 打造明星备课组

### ——2013年教育创新项目介绍

备课组是学校教学和教研的基本单位，是加强教学管理、提高教学质量的重要环节。打造明星备课组，是我校2013年在市局立项的市级教育创新项目，我校的教师队伍建设和学科思想建设，都围绕这一项目展开。

### 一、项目提出的背景

新课程改革对教师、对备课提出了越来越高的要求，教师在备课过程中应该怎样定位自己的角色，实施怎样的教学策略，从教学管理的角度来看，这需要我们重新反思我们的备课组建设。近年来，各校的成功经验反复证明，备课组对于提高学校的教育教学质量具有举足轻重的作用，加强备课组建设是全面提升学校教育质量与办学水平的重要途径。近年来，我校在淄博市学校"优质化工程"和"1751"工程的引领下，在市教育创新年活动带动下，坚持走内涵发展的道路，以达到持续提升教师的专业水平，增强教师专业成就感，同时减轻学生的课业负担，确保学生身心健康发展、素质全面提高的目标。"打造明星备课组",作为学校教学工作重点被纳入学校发展规划中。

## 二、主要举措与成绩

### 1. 完善激励机制，健全保障制度

学校修订了《淄博七中优秀备课组评价标准》和《淄博七中备课组长职责》，印发了《淄博七中关于加强备课组建设的实施意见》，总结了上学期备课组建设情况，表彰了优秀备课组和优秀备课组长，在新学年重新调整了备课组长队伍，让一批年富力强、工作负责、具有创新精神的骨干教师走进了备课组长队伍。

### 2. 备课组在商讨中共同制定目标、计划

制定备课组目标、计划，备课组长不能全部包揽。否则容易助长其他组员的惰性，也使青年教师缺失了学习制定目标、计划的机会，影响他们教研能力和解读课标和教材能力的提高。学期初，备课组长要提前一周布置组员思考备课组学期教研目标，认真研读课标教材，了解本年级的教学要求、教材结构、目标任务，考虑课时进度的安排等等。在集中讨论时，要求人人发言，并做好发言记录，然后由备课组长整理拿出初稿，在第二次集体备课时，再共同讨论整理稿，最后修正、完善，形成定稿。这样制定目标计划的过程，实际上就是促进教师熟悉业务、提升能力的过程，也是教师专业化发展的过程。

### 3. 确立了学校研究课题——"如何有效组织集体备课，提高集体备课实效性的研究"

这一课题能使集体备课与个人二次备课在省时高效的轨道上运转。在学期初制定教学计划、安排教学进度时，就将学期的备课任务分工到位。分工时要贯彻新老结对、优势互补的原则。老教师经验丰富，对教材的重点、难点把握比较到位；年轻教师计算机操作熟练，头脑灵活，在教学思路和方法设计上容易出新，这样新老结合可以使教案初稿的质量得到保证。为了不

影响教案的正常使用，要求组员必须在规定的时间内将教案的电子稿上交给备课组长，由备课组长明确统一排版格式要求，落实专人分单元打印。在集体备课时，人手一份打印稿教案，每个组员对教案的每个环节、步骤进行推敲、斟酌，并畅所欲言，在此基础上修改、完善教案。接着是个人在集体备课的基础上，结合班情、学情及个人对授课流程的思考、处理等进行二次备课，形成体现个人教学特色的教案。为防止使用电子教案中出现偷懒搬用现象，在检查教学资料时要重点查个人二次备课的情况。课上完后，在每个成员进行教学反思的基础上，备课组长组织备课组成员反馈使用教案过程中的感受，对教案再作调整、修改，使各教师思维的亮点集中且传承下去。这种典型的集体备课，能把教师从大量的、繁复的备课劳动中解脱出来，不必面面俱到地思考整个教材各个课时的处理，每个人都可以集中精力，专心研究一个或几个单元的教学内容，提高各单元的备课质量，这一做法体现了我校低耗、高效、和谐、进步的教育思想，促进了每个教师专业化的发展，更缩短了青年教师的成长周期。

4. 开展听评课活动，加强交流学习

在备课组的活动中，备课组长的牵头作用至关重要。在组内听评课中，备课组长要起示范引领作用，热情欢迎组员推门听课，发表听课评价意见，鼓励提问题，提建议，这样就能在本备课组内教师之间形成自发"推门听课"（不提前招呼，直接走进课堂学习）的良好教研氛围。另外，备课组内新老教师结成对子，相互听课，相互切磋，集体备课人人力求做到知无不言，言无不尽；骨干教师要定期拿出示范课供全组评判、借鉴，从而转化提升为全组的集体智慧。除此之外，学校教研的亮点还有"竞赛课""同课异构公开课"等，在这些特色课堂中，既能展示出执教者的个人教学丰采，也能发掘备课组群体的智慧。同时，各备课组加强相互之间的交流与沟通，有助于创建和谐温暖的办公环境，在互帮互助中共同发展。

5. 加强学业水平考试和高考研究

各备课组将研究学业水平考试和高考试题作为一项重要任务来抓。学业水平考试注重迎考思路及时准确，考前辅导落实到位。高考研究在注重研究山东近三年高考题的基础上，还应注意各省市高考题尤其是全国新课标卷的研究，洞察各学科新的考查思路和考查方式。在对高考题研究的基础上，深刻理解课改理念，把握高考命题新旧对接、稳中求变、稳中创新的特点，注意综合三科难度重心的转移、开放性题型的变化等新动向，摆脱思维定势，探索命题趋势，提高备考的科学性。在文理综合学科都高度重视一标多本的情况下，不同版本的教材内容实现互补。

6. 加强校本资源开发

各备课组以学科大教研组为依托，以高三备课组为主体，以学情的研究、教材重点难点的把握与突破、教案学案的设计、课后巩固措施的落实为重点，发挥学科组优势，细化教学操作步骤，优化导学案，打造学校特色教学资源，扎实提高校本资源开发的实效性。

## 三、存在的主要问题与解决的策略

在项目实施中存在的主要问题是，传统的教学思想在有的教师身上仍然存在：一是知识本位主义。传统的备课强调知识传授，教师在预设性的教学过程中考虑最多的是如何将知识点讲授清楚。传统的备课组的职能定位在研究教学重难点、安排教学进度上，而忽略了对学生的学习状态和情感态度的关注；二是教师本位主义。传统的备课思维只重视从教师教的角度思考，强调教师的中心地位和权威性，在一定程度上忽略了学生作为学习主体的存在，学生的能力发展片面化，"解题能力"强，而解决问题的能力弱，忽视探究过程的展现和探究素养的形成，忽视学生实践能力和合作能力的培养；三是学科本位主义。传统的备课模式只考虑学科本身的知识和技能，关注怎样传授这些知识和技能，更多的是"教教材"，而忽视了丰富的课程资源的开发和整合；四是只重视教学的预设性。传统的备课只重视已经预设好的知识，而忽视了对学生差异性、个体性的研究，教学生成性的研究也正是集体备课制度的一大难题。

解决的策略：

一是强化新的学生观的形成。学生是教学工作的落脚点，学生既是教学设计的服务对象，又是教学过程中丰富而又鲜活的教学资源。要更充分地了解和把握学生，开发这一丰富而又鲜活的教学资源，形成新的学生观。要充分地与学生对话，了解学生学习的基本状态，在教学设计中合理调动生成性资源。过去我们也提出所谓的"备学生"，但是更多地只是关注学生的学业成绩，而忽略了学生的兴趣爱好、情感态度等生活的层面。因此，我们新的学生观应该树立以学生为本的教育理念。学生是独特的个体，他们也是具有生命意识的，具有发展潜能的独立个性的人，是学习活动中不可替代的主体，学生是具有体验性的鲜活的主体，而不是被动接受的对象。"以学生为本"就是要把每一个学生看成不同的主体，让每一位学生的人格、个性、兴趣都得到尊重，使学生获得个性发展的主动权。

二是课程资源的整合。确立课程资源的整合意识，是新课程对教师提出的必然要求，也是转变教学方式的重要前提。作为课程的开发者，教师应通过开发教材以外的课程资源，为课程价值的实现和学生的发展提供可能的平台。要打破学科本位主义，构建学科间的整合。

学生所认识的生活，不是以学科的形式出现，而是综合的自然事物或社会文化现象的整体。生活对教学来说是一个蕴藏无限丰富的大教材，是一个永不枯竭的课程资源。教学要打破封闭空间，走向生活。重视课程资源的开发是课程改革提出的新目标、新要求，课程资源的重要性正日益显现出来，尤其是生活中丰富的课程资源，能够不断地激发和点燃学生智慧的火花。

## 四、下一步的打算

一是着重提高备课组的教育理论水平。让教师在思想认识和理论水平上都能获得提升，重点是要求组内教师学以致用，不断反思自己的教学行为，能够在行动中融合理论、深化理论。二是以研究课题"如何有效组织集体备课，提高集体备课实效性的研究"为引领，提升备课组教师的专业水平。备课组的核心目标是提升教师专业能力，要建立高效教研制度，全面提高教师专业水平。三是突出备课组基层教学管理单位的职能，全面提高教学管理的科学性和有效性。通过备课组建设，提升学校课程实施水平，从而全面提高学校的教育教学质量和管理水平。四是启动课程标准的校本化研究。此项活动开展，旨在强化对课程标准的把握，在研究课程标准和集体备课的过程中促进学科思想建设，让老师们掌握学科知识的本质、思维方式及学科学习的规律和特点，做到学科知识、思想和能力的均衡发展，从而培养学生终身学习的能力和学科素养。

# 创新集体备课　构建多层次集体备课模式

## ——2014年教育创新项目介绍

在山东省"1751"工程引领下，在市教育局持续推进教育创新的带动下，我校坚持走内涵发展的道路。构建多层次集体备课模式，作为学校教育科研重点课题被纳入学校优质特色发展规划中，以"追求实效、教研相融、共享智慧、备以致教"为指导思想，不断对集体备课进行探索，对提高学校的教育教学质量产生了显著的促进作用。下面就我校在推进"构建多层次集体备课模式"创新项目中所做的一些工作了简要汇报。

## 一、多层次集体备课的探索与界定

新课程改革对教师、对备课提出了越来越高的要求，教师在集体备课中应该怎样定位自己的角色，实施怎样的教学策略，从教学管理的角度来看，这需要我们重新反思我们的集体备课模式。学校在充分调研的基础上，推出教学资源式、案例研究式、课题引领式三种不同形式、不同层次的集体备课。

1. 教学资源式集体备课

以同年段同学科的备课组为单位，每个备课组成员平均分担本学期本学科全册的备课工作，共同完成全册教学资源包。教学资源包要包括每节课的教学设计、学案、配套课件、作业练习以及单元检测试题等。形成统一资源包后，根据上课的使用情况进行二次修改调整，并撰写教学实践反思。对于教学资源式集体备课的监管和评价，我们采用静态检查评价和动态检查评价相结合的方式进行。静态检查评价，主要查看每个教师所提供的教学资源包的质量，以及教学实践后的反思。动态检查评价由学校教学委员会牵头，进行不定期突然推门听课，从课堂教学的实际情况来评价课前是否认真备课，鼓励老师们在借鉴他人智慧的基础上，再进行个性化的备课，使之更适应自己的教学实际。资源式集体备课，有效地减轻了教师的工作负担，也保证了日常教学质量的底线。

2. 案例研究式集体备课

为加强教师个体之间的观点交流、思维碰撞及分工合作，集思广益，把上课、教研作为集体备课的活动延续和成果的检验，促成集体备课过程的落实，我们开展了案例研究式集体备课。以同年段同学科的备课组为单位，融备课、上课、教研为一体，按"确定课题，个人初备——讨论交流，形成初案——反复磨课，讨论修改——公开教学，研讨反思"的流程进行。组内的四名教师分工合作，各有任务：一人承担公开教学，一人要进行教材分析，一人要阐述集体备课（磨课）的经过，一人负责教学分析和反思。在学校教研活动中，组内的所有成员都要上台展示各自承担的任务。展示完成后要进行交流，对教学进行反思，肯定优点，指出不足，以扬长避短，促进今后教学的进一步开展。活动结束后，备课组需要上交教学设计与课件、教材分析文稿、集体备课过程阐述文稿、教学分析与反思文稿以及集体备课记录本等材料。

3. 课题引领式集体备课

我校基于《合作教学优化教学设计的实验研究》《学校课程资源开发与

利用的研究与实验》《高中课堂合作教学优化教学设计的实验研究》等课题研究，开展"课题研究团队赛课"，以课题（主题）为导向，以相关的理论为支撑，努力将教学理念外化为教师的教学行为，反复研磨，展开研讨。我们从方案、过程和成果三个方面对"课题研究团队赛课"的每一个阶段进行评价。其中，研究过程评比就从"研究课例展示、磨课研究过程（集体备课过程）阐述、教学分析与反思"三方面来进行评价。这样以评价有效地促使"课题研究团队赛课"的核心部分暨集体备课、研究过程的落实。

## 二、主要做法

### 1. 加强校本培训

以钟启泉、张华著的《基础教育课程改革纲要（试行）解读》和戚业国教授的《备课组建设指导纲要》《"五星级备课组建设"评估体系》为指导，采用个人自学、集体培训、网上研讨等方式，做到培训有针对性、内容有指导性、效果有显著性。学校责成教科室广泛调研教师专业发展困惑，征集校本培训意见和建议，出台《淄博七中年度校本培训工作计划》《淄博七中教师专业发展规划》，将校本培训纳入学校年度工作计划，加强组织领导。

### 2. 加强备课组制度建设

备课组是学校教学教研工作最基础、最重要的学习型组织，在培养学生、促进教师专业发展、构建教学研究机制、培育先进校园文化等方面发挥着极其重要的作用，也是此项教育创新项目研究落实的核心。为促进学校备课组建设，学校制定了《关于加强备课组建设的实施意见》，修订了《淄博七中备课组长岗位职责》，要求备课组成员要按时参加备课组活动，并按时保质保量地完成好活动负责人安排的各项任务；要认真学习备课组活动形成的研究成果，并转化为教学行为，切实提高课堂教学的有效性；教师参加备课组活动，一定要树立合作意识、整体意识、超前意识和反思意识，要切实通过备课组活动促进教师专业化发展；备课组长应做好备课组活动记录，定期收集优秀教案、课件、训练试题。

3. 开展丰富多彩的活动

围绕"构建多层次集体备课模式"开展师德提升活动、教学资源展评活动、赛课评课活动、教师论坛、教育科研成果展示等，引领多层次集体备课创建行动。

为充分挖掘校内资源，同时也为老师们提供展示的舞台，鼓励教师之间进行经验交流与分享沟通，扩大校本教研成果的效能，利用暑期研修，为老师们举办"教师论坛"。7月份学校举行"多层次集体备课论坛暨2014远程研修研讨会"。三个级部的15个备课组做了交流发言，介绍了备课组对本创新项目的研究成果和取得的实践经验。

评选表彰星级备课组。根据《淄博七中星级备课组评价标准（试行）》，以级部为单位，采取教师评价、备课组长互评、级部评价和学校评价相结合的办法，按一定权重计分，得分前4名的备课组即为星级备课组。学校在教师节期间对评选出的星级备课组进行了表彰。

4. 加强调度

根据创新项目实施计划，按时召开"构建多层次集体备课模式"调度会，加强各年级、各备课组的纵横向交流，通过互听互评等形式取人之长、补己之短，不断改进和完善工作。

5. 三种形式滚动推进

三种不同层次的集体备课在我校同时开展，人人参与，滚动推进。教学资源式集体备课任务在每学期放假前布置，新学期开学初上交材料。案例研究式集体备课和课题引领式集体备课以学期为单位，分学科交替开展活动，每位老师一学期里要参加一次课题引领式集体备课，两三次案例研究式集体备课。例如：上学期，语文学科开展课题引领式集体备课活动，数学和综合学科开展精品式集体备课活动；本学期，语文学科开展精品式集体备课活动，而数学和综合学科开展教研式集体备课活动。

## 三、取得成效

我校构建多层次集体备课模式创新项目取得了预期成效。一是提高了课堂教学有效性，二是进一步促进了积极向上的教师合作文化的构建，三是提升了校本教研的实效性。这三个层次的集体备课目标不同，形式各异，有效互补，实实在在地为教学服务，为教研服务，为科研服务，为促进教师专业发展服务。它培养了教师的团队意识、合作精神和职业的浪漫情怀；它有效地促进教师专业水平和教学质量的稳步提升。在省市优质课评比中，我校教师共6人获一等奖，在各级学刊上正式发表文章共计30余篇。

（此项目获得2014年度淄博市教育创新提名奖）

# 让美育的种子开花结果

## ——2015年教育创新项目《创编高中语文学科美育指引》介绍

### 一、背景意义

美育是党的教育方针德、智、体、美的一个重要方面。在国务院办公厅《关于全面加强和改进学校美育工作的意见》(国办发〔2015〕71号)和淄博市教育局《关于加强中小学美育的指导意见》(淄教发〔2013〕2号)的大背景下,在市教育局持续推进教育创新带动下,我校坚持走内涵发展的道路。创编《高中语文学科美育指引》,作为学校教育科研重点课题被纳入学校优质特色发展规划中,以"育美立人"为目标,积极创设崇美尚艺的育人氛围,让美育的种子开花结果。

### 二、主要做法

1.准确定位,让美"落地"

美育不是空中楼阁,美育一旦深入学生的心灵世界,就会转化成促进青少年学生积极向上、健康成长的能量，为未来的美好生活打下坚实的基础。我们深深意识到美育育人功能的重要性：它是审美教育，也是情操教育和心灵教育；如果学校美育取得突破，那么它对提高学生审美与人文素养、促进学生全面发展将会产生重要作用；美育是推进学校内涵发展的必由之路；美育利国利校利生！我们深深地认识到，加强和改进学校美育工作就应从课程开始，让美育与课程及课堂教学紧密相连，让美育工作真正"落地"。

2015年10月，教育部有关负责人就国务院办公厅《关于全面加强和改进学校美育工作的意见》实施答记者问时说，课程体系建设是加强和改进学校美育工作的关键……课程是学校教育教学活动的基本依据，在人才培养中发挥着核心作用。有了准确的定位，我们便脚踏实地，一路前行。

2. 扎实推进，让美"生根"

2015年8月，"高中语文学科美育指引"创编活动在我校正式启动。我们担起了创编学科美育指引以及"学科美育渗透与融合"的实验重任，在全市美育探索中先行先试，在全国尚无成熟经验的情况下，我们将"学科美育渗透与融合"作为"改进美育教学，提高学生审美和人文素养"，促进学校内涵发展的突破口和着力点。

为保证创新项目落实到位，学校成立了以袁健校长为组长的"淄博七中语文学科美育指引创编项目组"，加强领导，扎实推进：一是在全校宣传发动；二是举行培训会及编写经验交流会；三是多次召开调度会，编写组成员把编写过程中的心得体会，尤其新发现、新感悟交流共享，在碰撞与反思中提升水平、不断改进；四是召开《高中语文美育指引》论证会，对项目成果进行最后的论证、总结，推动创新项目走向深入。经过不断努力，2015年12月《高中语文美育指引》按预定计划编印成册。

《高中语文美育指引》共包括"蕴涵的美""师生素养""审美设计"三大模块，为教师在学科教学中挖掘和渗透美育提供参考，让美育在课堂教学中、在师生之间生根发芽。

3. 丰富活动，让美"开花"

围绕"创编《高中语文学科美育指引》"开展师德提升活动、美育教学资源展评活动、赛课评课活动、教师论坛、"教师美育思想研究"成果展示等，引领学科美育渗透与融合。

举办"我心中的美育"教师论坛。为充分挖掘校内资源，同时也为教师们提供展示的舞台，鼓励教师之间进行经验交流与分享沟通，扩大校本教研成果的效能，利用集中研修时间，举办"我心中的美育"教师论坛。三个级部的31个备课组做了交流发言，语文组重点介绍了对本创新项目的研究成果和取得的实践经验。

评选表彰星级备课组。基于《教师美育思想研究》课题成果，根据《淄博七中星级备课组评价标准（试行）》，以级部为单位，采取教师评价、备课组长互评、级部评价和学校评价相结合的办法，按一定权重计分，得分前5名的备课组即为星级备课组。学校在教师节期间对评选出的星级备课组进行了表彰。

积极参加全市中小学生"百灵"艺术节。让校园文化艺术节与市"百灵"艺术节紧密结合，在全校开展以"美丽与我"为主题的教师论文评比、学生作文大赛、朗诵比赛等，以此为契机引导师生更好地"发现美""表现美""创造美"，让美育之花开遍校园的每一个角落。郭静蓉同学的作文《美丽如画，成长如我》被报送教育部参加全国中小学生艺术作品展。

4. 改进课堂，让美"结果"

以"创编《高中语文学科美育指引》"项目为引领，我们积极推进课堂教学改革。倡导教师要做一个不断提高自身审美理论素养和能力的尚美者，做一个有意识的美的挖掘者，做一个努力追求审美性教学艺术的创造者。

化妆演讲课，让语文课堂逸兴遄飞。美育因子对学生的精神、品德、情操起到了无可比拟的陶冶与感染作用，课堂上丰富的情感和人文内涵给学生的心灵带来了极其深远的影响。

诗歌朗诵课，让精彩的诗篇化作心声，既丰富了学生的感知又深化了他们的感悟，是知、情、意的综合体现。教师依托课本和汪国真先生逝世的新闻素材，在课堂上组织了诗歌朗诵会。全新的课堂激发了学生的学习热情，在提升学生审美趣味、审美感知力、创造力的同时激励了精神、温润了心灵。

2015年11月6日，全市美育工作推进会在我校顺利召开，工作室成功进行了两节语文美育公开课，集中展示了我校学科美育课改的成果，受到与会领导、专家和老师们的一致好评，引起广泛关注，有效推动了我校乃至全市美育工作的改革和发展。

## 三、工作成效

在编写《高中语文美育指引》的过程中，我们紧密结合课堂教学实践，让理论与实践互动生成，既保证了编写质量，又丰富了课堂实践，在美育教学改革中取得了预期成效。

一是增强了教师在教学中对渗透与融合美育重要性的认识。创编《高中语文学科美育指引》，使教师不再觉得美育"与己无关"，不再觉得美育"可望而不可即"。教师们有意识地将美育渗透、融入平时的教学中，丰富了教学内涵，提升了教学品质。

二是增强了学生对美的认识和追求。课堂上教师引导学生去挖掘、体悟教材中的美，课下延展到学习、生活以及各项活动的方方面面，增强了学生对美的认识和追求，对净化学生心灵、塑造完美人格起到了积极推动作用，有力提升了学生的人文素养。

三是展示了美育强大而永恒的生命力。在课程实施中落实美育，在课堂教学中渗透美育——全面展示了美育在学生生命成长中春风化雨、润物无声的感染力和在潜移默化中为学生健康成长、全面发展提供源头活水的生命力。

2015年12月3日，我校有幸成为全国美育联盟成员单位。今年，我校在学业水平考试和高考中均取得了突出的成绩，在全市普通高中课程实施水平及教学工作督导评估中成绩优异，这说明在市局的领导下我校的教育创新富有实效，这必将进一步增强我校教师的创新意识和创新能力，提升学校教育创新的层次和品质，开创学校教育内涵发展的新局面。

（此项目获得2015年度淄博市教育创新成果提名奖）

# 构建新高考背景下学科核心素养体系

## ——2017年教育创新项目介绍

### 一、项目解决的主要问题

新高考重视考察学生的核心素养，新修订的普通高中课程标准也将核心素养作为重要的育人目标。

项目解决的主要问题：一是聚焦新高考背景下学生发展的关键品格和必备能力，全面提升学生学科核心素养，促进学生全面而有个性的发展；二是提升教师自身学科核心素养，突出课堂教学的引领作用，完善核心素养评价机制，让学科核心素养真正落地，提高教育教学的质量与水平。

### 二、主要创新点

核心素养以培养"全面发展的人"为核心，遵循学生身心发展规律与教育规律，充分反映新时期社会发展对人才培养的新要求，全面体现先进的教育思想和教育理念。

"构建新高考背景下学科核心素养体系"的主要创新点在于顺应新高考新课改的需要，将"新高考"与"核心素养"紧密联系在一起，突出解决学校教育教学中的重点、难点问题，促进学校优质特色发展。

## 三、项目实施情况

### 1. 加强校本培训

2017年4月，学校组织召开校本培训会。依托教育部出台的最新《高考改革方案》《中国学生发展核心素养》和各学科核心素养对全体教师进行面对面培训，同时，采用个人自学、网上研讨等方式。这些培训针对性强，内容指导性强，培训效果显著。

### 2. 重视学科课程资源建设

5月，召开课程资源建设专题研讨会。主题是立足新高考，以"多层次集体备课"为抓手，加强各学科课程资源建设，全面提升教师学科核心素养。11月，举办优秀教学资源展评活动。此次展评活动项目包括常规作品和系列资源两大类，常规作品有教案、课件、导学案等；系列学科课程资源包括课例视频、课件和试卷等。共选出优秀课例8件、微课8件、课件12件、学科系列资源12件，共计40件优秀作品。

### 3. 优化研究性学习指导

学校充分开发利用各种教育资源，包括校内资源、社区资源和学生家庭中的教育资源，为学生研究性学习的开展提供有力支持，培养学生科学精神和科学态度，提高综合运用所学知识解决实际问题的能力。

### 4. 做好高校自主招生工作

2017年，我校被确定为"北大新世纪素质教育实验学校"，以此为平台，积极做好高校自主招生工作，指导学生正确选择适合自己的高校，为更多学生通过自主招生顺利考入心仪高校奠定坚实的基础。

5. 积极探索实践选课走班制

以学生发展为本，尊重学生差异，为学生多元发展构建成长的平台。我校已逐步建立起一套完善的管理保障和评价体系，保证选课走班分层教学的质量，使选课走班真正"走"出实效，使所有学生都能学有所成。

6. 积极探索实践学生职业生涯规划的有效策略

唤醒学生的职业生涯意识，指导学生科学地对未来做出规划，使学生对未来职业及未来人生的选择有更清晰的目标。

7. 开展丰富多彩的活动

开展"研读教育专著"活动，开展"赛课评课"活动，举办"学科核心素养论坛"等，引领新高考背景下学科核心素养提升行动。同时，举办"汉字听写大赛""读书节""校园文化艺术节""模拟联合国大会"等活动，满足学生丰富的个性化需求，培养学生的创新精神和实践能力，提升学生的综合素质。

## 四、取得的突破和成效

一是立足新高考，全面提升了教师学科核心素养。

二是落实立德树人的根本目标，改变了"唯分数论"的现象，聚焦学生发展的关键品格和必备能力，全面提升学生的学科核心素养，促进学生全面而有个性的发展。

## 五、标志性成果

1. 校长论文《让核心素养落地的实践与探索》发表于《基础教育改革论坛》2017年第5辑

我们在实践中探索，在变革中进步，使核心素养从理念走向行动，让核心素养真正落地。

2. "多层次集体备课"助推教师学科核心素养的提升

教学资源式、案例研究式、课题引领式三种不同形式、不同层次的集体备课在我校同时开展，人人参与，滚动推进，有效提升了教师的学科核心素养，推进了理想课堂建设，促进积极向上的教师合作文化的形成，开启了教师教育教学的"幸福时代"。

3. 高考成绩实现新的突破

2017年高考，我校考生总数1 197人，自主招生资格线达线人数：理科458人，文科256人，合计714人。全市共19人考入北大、清华，我校占3人；进入录取线前十名高校人数全市共71人，我校占12人；高考前100名学生中我校占34人；自主招生资格线上线率61.8%，本科上线率89.6%，本科录取率85.71%，各项指标均排全市第二。

4. 各级各类竞赛成绩斐然

2017年，在全国奥林匹克竞赛中，化学奥赛全市前30名我校占7人，全国二等奖3人、三等奖1人，省一等奖16人；生物奥赛全国三等奖2人，省一等奖4人；物理奥赛全国二等奖1人、三等奖12人；数学奥赛全国三等奖2人，省一等奖20余人；学校获得"金牌学校"的称号。

2017年，在北大新世纪手拉手励志成才全国作文大赛中，7人获一等奖，2人获二等奖，我校荣获优秀组织奖称号。在第四届全国中学生科普科幻作文大赛中，1人获全国一等奖，2人获全国二等奖，2人获得全国三等奖。在第十五届"叶圣陶杯"全国中学生作文大赛中1人获总决赛一等奖。

在第十五届全国中小学信息技术创新与实践活动中，4名同学获全国一等奖，4名同学获全国二等奖，其中李鸿君同学获教育信息化发明创新奖，我校荣获2017年"中小学信息技术创新与实践活动"组织工作先进单位。

2017年，在第32届山东省青少年科技创新大赛中，获一、二、三等奖各1个；在第18届山东省中小学电脑制作活动中，获一等奖2个，二等奖2个，三等奖5个，我校被山东省电化教育馆评为最佳组织奖；在淄博市第十六届中小学生"布谷"科技节活动中，4人获创新成果（高中组）一等奖；在淄博市第十九届中小学生"百灵"艺术节中，多项学生作品获一、二等奖，学校获得优秀组织奖；在全国学生"学宪法讲宪法"活动山东赛区省级现场决赛中王雪梅同学获一等奖；在淄博市青少年"国学达人"挑战赛决赛中王俊杰同学夺得冠军，并代表淄博市参加省决赛获得一等奖。

2017年2月，我校盛业鑫同学被评为省级优秀学生；9月，在山东省最美中学生评选活动中，我校焦提盛同学获"山东省最美中学生"称号，并荣获齐鲁学子出彩奖学金。

（此项目获得2017年度淄博市教育创新提名奖）

# 5

## 第五章

# 点亮心灯

　　始终忘不了作家余华的小说《活着》，忘不了他那不变的人生理想：活着。多年来，我心中始终怀着对理想教育的梦想，也经常在追问，什么是真正的教育？怎样才能走近它？现实的脚步是否依然坚定？在追问与反思中凝练点滴思想，积淀点滴智慧，为自己也为他人点亮一盏心灯……

# 站在新的起点上

## ——写在新学期开学之际

　　轻松愉快的寒假生活结束了。新学期，新希望，站在新的起点上，让我们相约再出发。

　　在过去的一年里，我们风雨兼程，携手共进，不管我们的工作是顺利还是曲折，一路走来，我们始终不离不弃。

　　在素质教育、课堂教学改革的道路上，我们有探索，有迷惘，但我们没有动摇过，因为我们心中始终有一颗理想的灯塔在闪烁；我们有失败，有苦痛，但我们没有退缩过，因为我们心中始终有对教育、对学生真挚的情怀；我们有成功的欢笑和喜悦，但我们没有自满过，因为我们知道追求教育回归的道路不会是一帆风顺的，只有忠实于希望、执着于理想，去追寻绿叶、追寻繁花，让生命焕发出葳蕤的生机，才能收获孕育着未来的丰硕果实。

　　把记忆"封存"送给以往的生命，我们又要开始新的征程。令人欣喜的是牛年来了，无论从东方文化，还是从西方文化来看，牛都是财富与力量、勤劳与勇敢的象征。让我们背负着鲁迅"俯首甘为孺子牛"的精神上路吧！

坚定信念，树立目标。过去的日子成也好，败也罢，都已成为历史。学期伊始，相信每一位老师都会坚定"我能行"的信念，制定出切实的奋斗目标与发展计划，以减少教学工作中的盲目性，避免一开始就输在起跑线上。

培养习惯，涵育精神。古代诗人彭端淑说："天下事有难易乎？为之，则难者亦易矣；不为，则易者亦难矣。"新学期里，相信老师们会一如既往地保持"自觉、严谨、高效"的好习惯，勤于学习，乐于思考，积极乐观地工作和生活，从而涵育我们七中"激情燃烧，追求卓越"的学校精神。

珍惜时间，创造奇迹。这是特别送给高三老师的。三年一轮回，机不可失，时不我待。丘吉尔说过："我们的目标是什么？可以用一个词来回答——胜利！不惜一切代价！"相信高三老师的目标亦是如此，为决胜高考而努力。你们要在仅有的一百天时间里，完成一次蜕变，是化为蝴蝶还是继续做毛毛虫，完全取决于你们的努力程度。相信高三的老师们会用汗水去播种希望，用拼搏去诠释无悔，用智慧去创造奇迹。

春天是播种与耕耘的季节，它寄寓着生机与活力、希望与梦想。让我们携手并肩——播种信念，收获行动；播种行动，收获习惯；播种习惯，收获性格；播种性格，收获命运。让我们同舟共济——耕耘信念、耕耘希望、耕耘激情、耕耘执着……我们坚信：淄博七中定然会迎来更加美好的明天！

# 拥有一颗教师的心

当我们第一次走上三尺讲台，面对着那一双双渴望的眼睛，我们的心中云涌翻腾，有兴奋、有激动、有自豪，但更多的是责任与使命，于是，我们怀揣着"捧着一颗心来，不带半根草去"的虔诚，满腔热情地打开了教育与学习的阀门，开启了教育事业的航船。日升日落，春去秋来，我们把希望凝聚成力量，在永不止息的追求中激发最大的潜能和创造力，向着教育的幸福彼岸远航，风雨兼程，义无反顾，因为我们拥有一颗教师的心！

拥有一颗教师的心就是拥有一颗强烈的责任心。责任，是一种使命；责任心就是一种使命感。有人说："教师个人的范例对于学生心灵的健康和成长是任何东西都不可能代替的最灿烂的阳光。"我们的职业决定了我们要去做人类灵魂的工程师，做他们的领路人，因此我们背负了不同于其他职业的神圣使命，就像哈尔滨商业大学食品工程学院教授辛嘉英所说："教师就是要担负起克服人类无知的重任。作为教师，认可了人类灵魂的工程师这一称号，就等于认可了自己的使命，否则，就是亵渎。"由此，我想到了身边的老师，我几乎每天都在被感动着：我感动于备课组长们对新课改深深的思索与研究，他们在课堂教学中身先士卒，对学校多年来所积淀的经验进行反思和取舍，使新课程理念实实在在地走入了操作层面；我感动于新形势下班主任们引导学生学习的良苦用心、班级管理中的无穷智慧，与学生在一起的辛苦与快乐；感动于年轻教师为尽快提高教学水平，经常在办公室草草解决的一日三餐以及夜晚辗转反侧、难以入眠的急切心境……这一切让我明白，教师的责任心不是在轰轰烈烈中展示，而是在平凡、普通、细微，甚至琐碎中体现。

拥有一颗教师的心就是拥有一颗真诚、执着的爱心。当我们以一种平淡的心境打开记忆时，心中总有来自于学生的感动，这源自于我们真诚、执着地爱着学生，把全部心灵和才智毫无保留地献给了学生。这种爱是深沉的，它蕴涵在我们为学生所做的每一件事情当中；这种爱是神圣的，它凝成了师生间水乳交融的情谊。著名教育家夏丐尊说："教育上的水是什么？就是情，就是爱。教育没有了爱，就成了无水之池。任你四方也罢，圆也罢，总逃不了一个空虚。"就像有的老师说："我喜欢教师的工作，喜欢和孩子打交道。特别是对调皮的孩子……"实验、实践课上，教师不但亲自做给学生看，而且还趴在地上帮学生动手，累得满头大汗，直到每一个同学都看懂了为止……这一切的一切是那样自然、真诚而又执着，只因心中有爱啊。

拥有一颗教师的心就是拥有一颗爱读书的心。书是取之不尽、用之不竭的知识源泉。苏霍姆林斯基说："读书，读书，再读书。"这句话平实但含义深刻，教师肩负着传播人类文化、培养青少年优良心智的重任，确实应该不断地读书。丰富的知识是教师职业必备的条件之一，而读书是开阔视野、丰富知识，为我们的教育教学滋养底气与灵气的必由之路。朱永新在《读书改变人生》中说："在一定意义上说，一个人的精神发育史，就是一个人的阅读史，而一个民族的精神发育水平，在很大程度上是取决于这个民族的阅读状况。传承文明的桥梁，是延续文化的中介。充实而有意义的人生，应该伴随着读书而发展。"我相信，每一位教师都会以实际行动证明我们拥有一颗爱读书的心，因为我们记得，一千多年前韩愈在《师说》里讲过，"师者，所以传道授业解惑者也"；因为我们懂得，腹有诗书气自华，最是书香能致远……

# 教师要做到常教常新

心理学认为，单调的环境对人的思维有损害。学生长时间在单调、呆板的氛围中学习，就会产生厌烦、乏味的感觉。为使学生产生积极学习的欲望，求得最佳教学效果，教师要改变授课程式，要用审美的眼光去组织教学，要富有创造性，讲究艺术性，善于把已被学术界肯定的新成果融入教学之中，做到常教常新。

如何做到常教常新呢？教师的魅力关键在于他的学识和创造力。所以，要做到常教常新，首先要刻苦求知，勤于积累。教师是知识的传播者，是灵魂的塑造者，但更应该是求知者。教师不能总把自己定位为知识的传播者，如果这样，就只能是"坐吃山空"。罗曼·罗兰说："要播撒阳光到别人心中，总得自己心中有"。我们"有"了还不够，应求"常有"。飞速发展的社会对教师的知识结构提出了越来越高的要求，教师不能只囿于教课、改作业的狭小圈子里，不了解外面的大世界。要学习，不仅要读学科专业书，还要读国内外教育学著作、心理学著作等等，更要了解时代、紧跟时代，做到古人所说的"博学之，审问之，慎思之，明辨之，笃行之"。只有这样，才能使源头活水长流，使教学更加高效。

其次，要勇于实践，敢于创造。教学是科学，也是艺术。要在这科学、艺术的天地里胜任培养人才的重任。要潜心研究课程标准、研究教材、研究学生，做到因材施教、因人施教。学生是活泼的生命体，要从一个模式、一刀切的羁绊中跳出来，在教学内容实实在在的前提下，讲究灵活多变的教法，激发学生的好奇心，培养他们的观察能力、思维能力、创造能力。同时，还要根据不同学科的自身特点，培养学生广泛的兴趣，以及专心致志、持之以恒、百折不挠的习惯和品质，塑造他们的人格。当教师用学识和智慧重新画出黑板上的彩虹，学生便会在接受知识、训练能力的同时形成自己健康的人格。

"所谓事业，乃是生生不息的永恒的诱惑。"作家陈祖芬如是说。教学对教师便是这种诱惑。为人师者，要保持自己的魅力，应在这"永恒的诱惑"中求实、求活、求新。

# 教师要练就"点拨"的功夫

罗伯特·弗罗斯特说："教师有两种：一种是在你的脑袋里灌满沉重的东西，使你无法走动；另一种只是在你的背后轻轻点拨一下，就能使你直上云霄。"如何具备"轻轻点拨"的功夫，这对教师提出了较高的要求。

首先，教师要做好学情调研。教师要在上课前对学生有充分的了解。学生是学习的主体，如果不能了解学生的实际情况，就会出现学生已经掌握的知识教师还作为重点拼命地讲；学生不会的知识，教师却认为很简单而轻描淡写地讲或不给学生讲。所以教师要及时主动地了解学生原有的知识。与此同时，教师还要积极地了解学生的能力、个性特征等，以培养学生学会学习的方法，从而提高他们的自学能力，为"不讲"做更多的准备。

其次，教师要对教材有很好的把握。这就要求教师钻研、吃透教材，包括吃透课程标准、文本和有关的参考资料，在研究好教材的同时进一步开发教材、拓展教材，只有这样才能在课堂上游刃有余，增强讲的针对性和练的时效性。

第三，要善于将信息技术与学科教学有机整合。信息技术与学科教学有机整合便于丰富学科知识、创设教学情境、优化学生认知、优化课堂教学结构等，让学生在学习过程中浸润情感、拓展想象，从而更有效地感受、认同和内化。

练就"点拨"的功夫，实际上是为了更好地落实自学性原则，让学生有更多的时间和机会进行思考与表达，同时老师也才有更多的机会对学生进行反馈、矫正和点拨，只有这样才能增强课堂教学的有效性。

# 教师语言的魅力

教师教学离不开语言，教学语言的好坏对学生的学习兴趣、对教学质量有着巨大的影响。充满魅力的教学语言，不仅有利于学生掌握知识，而且能更好地激发学生的学习兴趣，使学生主动地学习，积极地探索，更快地完善和提高能力。

## 一、教师语言的魅力源自亲切

作为一名教师，既要爱自己的事业，又要爱自己的学生，这种美好的情感与教学语言密切相关。正是这种爱产生了亲切的语言。"亲切"是沟通师生心灵的桥梁，是连接师生情感的金线。师生间和谐的关系、融洽的情感，能极大地激发学生的学习热情，课堂气氛也会轻松、明快、活跃，在这样的氛围中，学生自然会享受到学习的乐趣，教学效果也随之提高。

现在的学生大多是在父母的百般呵护与疼爱中长大的，自尊心很强，教师应特别注意教育方法。美国作家爱默生说："教育成功的秘密在于尊重学生。"所以教师不能有意无意地讥讽、训斥学生，更不能谩骂、体罚学生，应在亲切的教诲中，让学生相信自己的人格与尊严，产生自重和向上的动力。这样，学生不仅会"亲其师"，更会"信其道"。

"亲切"不仅是课堂上的，课下也应如此。教师对学生的批评与表扬都应饱含着爱，要在爱中给他们以理解、鼓励，在爱中保护学生的自尊。我的一个课代表，她上任不久就以极强的责任心和工作热情赢得了同学们的信赖和赞誉，但她的学习成绩就是上不去。我这样对她说："你有工作热情，工作能力也很强，看得出来，你是个不甘落后的学生，相信你的学习成绩也一定会提高的。"我寓批评于亲切的表扬和鼓励之中，使学生在信任与爱中明确了不足，增添了勇气。

## 二、教师语言的魅力源自生动

夸美纽斯说，一个能够动听地、明晰地教学的教师，他的声音便该像油一样浸入学生的心里，把知识一道带进去。是的，教师的语言如果生动活泼，趣味横生，让人有如沐春风之感，课堂气氛才能活跃，学生兴趣才能盎然，注意力才能集中。如果语言单调呆板，枯燥乏味，自然就激发不出学生的学习兴趣。一次作文课，当我讲到要注重课外阅读和积累时，我是这样设计课堂语言的："朱熹有诗云'问渠那得清如许，为有源头活水来'，要写出好文章，就得有丰富的素材、广博的知识和独到的见解，这就要求多阅读，多积累。"接着，为激发起学生观察大自然，勤于写课外笔记的兴趣，我这样说道："同学们，在人生的道路上，你们都历经了十六七个春夏秋冬。春天最美的是黎明，夏天最美的是夜晚，秋天最美的是黄昏，冬天最美的是早晨。你观察过，体会过吗？现在我们正处于春季，黎明时分，你不妨出去走一走，看一看，春天的黎明美在何处？为什么印度大诗人泰戈尔高喊：'哦，沉睡的人，醒来吧！赤露你的额头，等待那第一线光明的赐福，满怀欣喜的信念和清晨的鸟儿一起歌唱吧。'为什么古人用'风暖鸟声碎'来描写春意，用'夕阳无限好'来抒写秋情？"之后，我查看了学生的观察笔记，从中我敢断定，他们是带着极大的热情去领略了大自然的美。这就是语言美所产生的巨大力量。

### 三、教师语言的魅力源自真实

苏霍姆林斯基说："我想劝告青年教师和学校领导者们防止一种最主要的困难，那就是故意地、人为地做出教育别人的样子。"是的，教育教学语言要有感人的力量，但切忌空洞、唱高调，华而不实只能令人生厌，达不到教育教学的目的。前面谈到的"生动"不等于华丽，"亲切"也不是袒护。语言要中肯适度，不夸张，不夹杂私情。摆事实，事实要准确无误；讲道理，道理要站得住脚。只有这样，才能使学生心悦诚服，才能达到"使诚明者达，昏愚者励，而顽傲者革"的目的。

# 让学生拥有好口才

无论干什么，与人交谈不可避免。学生是祖国的未来，教师，尤其是语文教师，要注重对学生说话能力的培养。我的做法如下：

一是重朗读训练。用普通话有表情地朗读，这可以说是中学阶段说话训练的起点。教师可先示范或让学生听录音，然后指导学生从抑扬顿挫、轻重缓急等方面进行训练，在坚持不断的练习中提高学生的朗读能力。

二是重课堂回答问题训练。课堂回答问题，是课堂上教师常用的培养学生说话能力的基本方法。对于学生的回答，教师要注意总结评价，既要评价回答的内容，又要评价口头表达。这样的问答训练既能提高学生的表达能力，又能促进学生的思维发展。

三是重课堂研讨训练。课堂学生讨论、研讨，让学生发表自己的见解和主张，这种方法涉及面广，学生积极性高，是进行说话训练、提高说话能力的有效形式。

四是精心设计教学活动。结合教学，让学生进行复述、口头作文、讲故事等活动，这在增强口头表达能力的同时，也提高了学生的作文水平。

　　五是坚持课前演讲。演讲是较高层次的说话训练，难度较大，它不仅对语言方面有要求，而且还要求演讲者有得体的表情、手势、姿态等。结合课堂教学进行课前1分钟或2分钟演讲，有计划地做到在一学期内人人有训练，这样坚持下去，循环往复，每个学生的说话能力都会有大幅度的提高。

# 如何写教学论文

身为教师，我们有共同的感受：平时工作尽心尽责、勤勤恳恳；谈起教学方面的体会，也是如鱼得水、信手拈来。然而，一提起写论文，我们要么觉得高不可攀，要么就成了"煮饺子的茶壶"——有货倒不出。实际上我们教师是最有资格和条件写教学论文的，因为我们整天接触教学的第一手材料。我们教师练习写教学论文，可以使一些不自觉的成功做法得到升华，转化为自觉的教学行为，从而提高自己的教学水平，这也是促进我们教师自身成长的一个重要渠道。那么教师怎样写教学论文呢？下面谈一点我自己的看法，以起到抛砖引玉的作用。

## 一、多捡些小石子——养成积累的习惯

有这样一个故事：一位商人走在黑漆漆的山路上，突然传来一个神秘的声音：请弯下腰来多捡些小石子，明天会有用的。商人决定执行这一指令，便弯下腰来捡了几个石子。第二天，从口袋中掏出来一看，这些石子原来都是一块块亮晶晶的宝石！商人后悔不迭，早知如此，当时何不多捡些呢？

其实，我们写教学论文也是如此，在教学实践中要多捡些小石子，备课、教案、学案、作业、学生、课堂、听课、评课都是值得研究的课题，只要处处留心，勤于积累，真正动笔写教学论文时，就有了源头活水，平时积累的那些"小石子"就会像"宝石"一样让你的论文熠熠生辉。

## 二、绝知此事要躬行——敢于动笔写

陆游诗云："纸上得来终觉浅，绝知此事要躬行。"写诗是这样，我们写教学论文也是如此，这就是实践的重要性，因此我们要敢于动笔写。知道一些写论文的原则、方法和格式固然很好，但我们不要拘泥于这些条文。作为第一线的教师，最重要的是联系实际，用自己的真实感受，来说明一些教育观点。我们只有亲自动笔，逐步探索，论文写作能力才能有所提高。

## 三、于细微处见真情——以小见大

人们常说"于细微处见真情"，我们教师写教学论文也要学会从小处落笔，挖掘出深意或新意。这和专家写教学论文的侧重点是不一样的，专家写的论文理论性要求高，而我们不需要高深的理论，所以我们的论文选题要小，要从教学实际中去选题目，发挥我们的优势，侧重可操作性，联系实际做到"以小见大"。开始时，可以写一些教学反思、教学心得，如记成功之举、记"败笔"之处、记教学机智、记学生见解等，也可以写教育故事，还可以进行案例分析、一事一议等。成文以后，可以把它投寄出去，或作为一个课题加以研究，逐渐提高我们的教研写作水平。

# 让自己成为一棵果树

## ——寄语女教师

大自然总是钟爱女人。

时令又进入了三月，芳草又开始绿了，阳光又开始明媚了，大地又开始芬芳了，江河又开始欢腾了。

三月，孩子唱给母亲最动听的歌；三月，学生描出教师最美丽的像；三月的家庭春风有声，三月的校园春意有色。

因为世界拥有了我们。

作为现代女性，新时代赋予了我们女性得天独厚的条件。政治上肯定我们的地位，法律上保障我们的权益，文化上尊重我们的品性，生活上给予我们更多的关心和爱护。然而这又是一个充满竞争和压力的时代，我们肩上的担子更重了，但是我们不会放弃，活出美丽的人生是我们永远的追求。那就让我们成为一棵果树，在推进素质教育、深化课堂教学改革的今天，在追寻真正教育回归的道路上春华秋实，年年繁茂。

首先，我们要自信自强、永不放弃。自信自强和力量是成正比的。人生需要进取的力量，也只有具备足够进取力量的人生，才是激昂向上的人生。自信自强就是这种力量的沃土。坚定踏实的自信孕育着厚重茂盛的力量。安庆市再芬黄梅艺术剧院院长韩再芬坦言：女人应该有一份对事业的自信。所以，我们要自信自强、永不放弃，一个人只要不自弃，相信没有谁可以阻碍你进步。

其次，我们要有一个良好的心态。良好的心态可以让我们拥有一份职业幸福感，拥有幸福的人生。我们要面对现实，善待自己，学会感恩，追求卓越。正确看待工作和人际交往中出现的一些问题，积极乐观地工作和生活，就像流浪的吉卜赛人一样，即使一无所有也要永远歌唱；更要像斯多葛派哲学家爱比克泰德那样，不为自己没有的东西沮丧，而为自己拥有的东西喜悦。要善于捕捉自己生命中的每一次感动，常给自己积极的心理暗示，多给学生真诚的鼓励和帮助。这样，一份职业幸福感就会慢慢地浸润我们的全身，丰富我们的一生。

再次，我们要多读书、勤反思，做一个有智慧的人。苏霍姆林斯基曾说过一句平实但含义深刻的话——读书，读书，再读书。教师作为人类灵魂的工程师，实在应该不断地读书。丰富的知识是教师职业必备的条件之一，而读书可以开阔视野、丰富知识，是为我们的教育教学滋养底气与灵气的必由之路。在读书的同时还要勤于反思、思考，这可以让我们穿越岁月的迷雾，锻炼教育的智慧。一个有智慧的人，他对人生有最合理的安排；他能明白事物的本末先后；他能见微知著，鉴往察来；他不但能自知，也能知人，所以他对己对人都不会低估，也不会高估；他深悟人性所具的潜能皆无限而平等，并深知人人成功的可能性相等，所以他知道没有理由自卑，同样也没有理由自大；他待人真诚，心怀宽广，常生感激，而且老老实实地做人，认认真真地做事，勤勤恳恳地学习，辛辛苦苦地耕耘，收获多多，硕果累累。

一个女人可以生得不美丽，但是一定要活得美丽。无论什么时候，自信自强、乐观向上、多读书、爱思考、有智慧，一定可以让一个人活得足够美丽。就让我们成为一棵果树吧，在春华秋实、枝繁叶茂的色彩中丰富自己，感召他人。

# 在教学微技能提升中享受职业幸福
## ——淄博七中教学微技能提升活动侧记

学校要发展，学生要成长，关键在于教师专业素养的发展，这是当前学校管理的共识。要让教师不出现职业倦怠，而是积极发展，成为一位优秀教师，实现自我价值，关键还在于学校要积极为教师搭建成长与发展的平台。在优质化工程引领下，我校把这个平台定位在教师教学微技能的提升上。教学微技能的提升能让教师自由、快乐地耕耘在教育教学这片充满希望的田野上，享受职业的幸福。

## 一、优质化工程引领"教学微技能"落地

自推行新课改以来，我校教师的教学理念、教学方式在不断改变，但是在行动的落实上，尤其是教师的专业能力上还存在着很大的不平衡，教学低效、无效的现象时有发生。面对现实，促进教师专业发展，提升教师专业能力，尤其是提升教师教学微技能显得尤为重要。近年来学校在淄博市学校"优质化工程"带动下，在华东师范大学国家教育部中学校长培训中心戚业

国教授等专家的引领下，坚持走内涵发展的道路，以达到持续提升教师的专业水平，增强教师专业成就感，同时减轻学生的课业负担，确保学生身心健康发展、素质全面提高的目标。开展教师教学微技能提升活动已被纳入学校三年发展规划中。

学校2011—2012学年年度教学工作计划提出，本学年将以戚业国教授《教师教学微技能发展与课堂自我改进计划》为指导，深入开展教师教学微技能提高活动。2012年2月，开展教师教学微技能提升活动被确定为2012年度市级教育创新项目，教学微技能提升活动在全校范围内有序展开。教师们认真学习戚业国教授《教学微技能的形成与课堂教学改进计划》的录音报告和《淄博项目教师教学自我改进计划指南》，从自己教学的困惑处、不顺手处入手提炼问题，积极参与到教学微技能研究中。短短两个月的研究与探索，教师们便从以下八个方面找到了自己教学微技能提升的方向：一是观察课堂的主要方法与微技能，二是教师听课的微技能，三是教师改进课堂互动的微技能，四是教师运用课堂规则的微技能，五是有效课堂组织的关键微技能，六是教师制定单元和课时计划的微技能，七是教师课堂目标设计的微技能，八是教师课堂问题行为控制的微技能。

教师在从事教学研究中，提升了职业生活的质量，使教学成为一种创造性的活动，增强了职业的价值感、尊严感和幸福感。

## 二、集体备课促进"教学微技能"生根

集体备课是以教研组为单位，组织教师开展集体研读课程标准和教材、制订学科教学计划、审定课堂教学设计、分析学情等的系列活动，是确保教师集思广益，优势互补，发挥集体合力和群体效应，实现资源共享，奠定最佳授课基础，提高课堂效率和保证教学质量的有效措施。集体备课一直以来是我校教学管理的重点之一，更是我校提升教师素质、推进教师队伍建设的重要途径。

本学期，在开展教学微技能提升活动中，学校在对集体备课的管理中加强集体备课的精细化。一是围绕课程标准，集体确定每一个单元、每一个章节的重难点以及重难点的突破，力求每位教师在课堂上能够找准、突破重难点；二是狠抓课堂教学设计上的微技能，坚决克服过去只备知识不备学生活动的现状，集体备课重在备讲什么、怎么讲、练什么、怎么练、学生怎么参与活动、参与哪些活动、哪些学生参与，把课堂教学设计微技能作为备课的重点。由此，各教研组的集体备课开展得有声有色，教师们能以研究者的眼光审视、反思、分析和解决自己在教学实践中遇到的问题，把日常教学工作与教学微技能提升研究融为一体；充分发挥了学科带头人、骨干教师的资源优势，使新、老教师互相学习，取长补短；备课组长发挥核心作用，使全组教师紧密地团结在一起，形成了强大的合力，在积累、开发教师的教学微技能，促进教师专业发展方面迈出了坚实的一步。

语文组"从细处入手，完善阅读课教学微技能"。其实这也符合一切事物的常理，凡大事必作于细，细则实，所以要把每个环节做好。怎么做？比如阅读课微技能的提高，教师希望通过阅读教学提高学生的语文能力，但忽视教给学生如何阅读、如何运用的方法。这就要求教师提高阅读课教学的微技能。所以语文组教师着重从阅读课的每个小环节（阅读教学的准备——预习，阅读教学的主体——析文，阅读教学的发展——延展，阅读教学的巩固——训练）入手，不断完善提高教学微技能。

数学组"创设思维情境，提升教学微技能"。创设思维情境是指教师创设能够激起学生思维"高峰"的条件与机会，以激起学生思维的高度兴奋，激起学生思维的主动性、开放性、多样性、流畅性、灵活性和独创性，目的是使学生的思维进入一个最佳的灵感状态，期待"奇迹"发生，以便探寻课堂教学的高潮。为此，数学组围绕"创设思维情境，提升教学微技能"设计了如下几个小课题：发散性思维情境创设的研究与实践、逆向问题情境的研究与实践、直觉思维情境的研究与实践、批判思维情境的研究与实践、想象问题情境的研究与实践等。通过小课题的研究与实践，数学组在激活学生思维火花，使学生获得数学技能方面成效显著。

英语组"用心编制学案，提升教学微技能"。课堂实施的前提是要有精心编制的学案。英语教学并不仅仅是词汇、语法教学，以往整个学案中全部是语言点的阐述，除了题目还是题目，可想而知，学生会产生什么样的情绪。作为语言学科，英语传递的是一种语言承载的文化，因此，要让学生在耳濡目染中感受语言，享受语言，进而体验一种文化。故英语组尝试着改变学案的编制，增加学案中引导学生体会的项目，让学生思考：看到了什么？学到了什么？这样，整个学案没有知识点的讲解，但是学生如果认真按照学案及教师的指导学习，在这个过程中就会不知不觉熟悉了阅读词汇，了解了一些句型结构。这样的做法能紧紧抓住学生的注意力，提高课堂学习效率，比讲一节词汇课收获更多。这样的学案要花费教师们更多的时间和精力，但是做与不做区别很大，英语组已在尝试中逐步推进。

文综组"改进作业设计，提升教学微技能"。作业，是课堂教学的延伸和继续，也是反馈教学效果，实现教学目标的重要途径，更是教师与学生进行思想交流的重要形式之一。因此，作业应是一种生活、一种活动，而非单一的、千篇一律的重复。鉴于此，作业设计应倡导实践性，着眼于学生的健康发展与幸福成长。文综组在设计课后作业时，没有采用一贯的知识型作业，而是设计了探究类题目，如：请同学们课后搜集相关事例，由一个学习小组负责汇总，办一期题为"在实践中追求和发展真理"的手抄报，并在全班进行交流。

理综组"精心设计问题，提升教学微技能"。只有让学生思考的课堂才有生命力。理综组围绕着如何引发学生思考开展教学研究。其基本做法就是设法提出问题和启发、引导学生通过思考解决问题；提出问题是基本形式，引导学生思考是根本目的。所以，教师问题的设计，在很大程度上决定一节课质量的好坏。为此，理综组首先研讨了一个好问题设计的标准，并在研讨交流中达成共识：问题的设计要准确，紧扣教学的关键；问题设计要有度，适合学生实际；问题设计要巧妙，给人心有灵犀、眼前一亮的感觉。

基本能力组"控制好课堂问题，提升教学微技能"。课堂中的问题行为主要指的是青少年学生在课堂中，特别是在上课过程中的各种破坏课堂秩序和纪律、不遵守课堂规则的现象和行为。课堂中的问题行为通常是与教学联系在一起的，表现为妨碍和干扰课堂活动的正常进行，影响教师的教学和其他学生的学习。课堂问题行为具有普遍性，在程度上也具有差异性。对于一些课堂上不遵守课堂规则的学生，应视学生的具体情况灵活处理，比如，在进行艺术鉴赏时，教师看到有个别同学正在说话，教师可以这样说："有两个同学正在进行艺术交流和传播。"这俩同学一听，就会停止说话。由此可以发现，课堂问题行为主要是轻度问题行为，具有持续时间短、易变性强、偶然性强的特点。在平时的教学实践中，要真正做到控制好课堂中的问题行为这一微技能并不容易，需要教师不断提升人文素养和教学能力。

## 三、教学活动推进"教学微技能"开花

教学活动是一种形式，但是，应该坚决避免走向形式化。在我们开展的教学活动中，教师层面引入同题设计，学生层面积极倡导小组合作学习。

我们通过同题设计，引导教师设计好课堂细节。细节决定成败，课堂教学更是如此。同题教学设计指同备课组的教师在指定的时间、地点，带指定的参考书进行指定课题的教学设计。在操作中，现场抽课，让授课教师在单位时间内完成教学设计。设计结束后，骨干教师对授课教师进行一对一点评，真正实现菜单式的专业引领。同时，许多教师在得到点评后，又和骨干教师进行探讨，使同题教学设计活动向纵深发展，超越了活动本身的意义。同题设计活动，推动了教师课堂教学设计微技能的普遍提升，在汗水与智慧中，教师教学

设计微技能如山花一般在校园盛开。

近年来，小组合作学习一直是我校课堂教学改革的主导思想。在前期的具体实施过程中，我们为各小组建立了档案，对班主任老师进行了培训，具体指导小组进行活动。具体的实施措施包括：1.合理分组。每班设置6个小组，为了在小组合作中促进师生成长，每组安排一名任课教师，实现对班级工作、任务、目标的分解，全体教师人人承担育人责任，对学生进行思想引导、学业辅导、心理指导。2.明确组内任务。小组建立后要有明确的任务和目标，这样才能树立起学生的责任感。如召开主题班会，设立班级专栏，开展小组合作下的竞赛，进行师生交流等，学生都能以主人翁的姿态积极主动地参与其中。小组合作学习将原来的大班制变成了小班化，能让每位学生感受到无微不至的关怀，让每一位学生都有了个性化的交流机会，使每一位学生都能得到应有的关注，使每个层面的学生都能得到充分的发展。在具体指导学生的过程中，作为学习活动组织者和引导者的教师，其组织教学活动的微技能和引导学生学习的微技能得到了全面提升，实现了教师发展和学生发展的双赢。

教育家魏书生说："教育是一项可以给人以双倍精神幸福的劳动。教育对象是人，是学生，是有思想、有语言、有感情的学生。教师劳动的收获，既有自己感觉到的成功的欢乐，更有学生感觉到的成功的欢乐，于是教师收获的是双倍的，乃至更多于其他劳动双倍的幸福。"是的，我们七中人在平凡而忙碌的工作中，在提升教学微技能的研究与实践中，面对激情迸射、个性飞扬的学生，体会到了不平凡的幸福……

# 学校美育的"根"

国务院办公厅《关于全面加强和改进学校美育工作的意见》指出："美育是审美教育，也是情操教育和心灵教育，不仅能提升人的审美素养，还能潜移默化地影响人的情感、趣味、气质、胸襟，激励人的精神，温润人的心灵。"

学校美育工作不容忽视，任重道远。那么，学校美育如何真正落地？笔者以为，加强和改进学校美育工作，"根"在教师。

教师的审美修为、审美素养对美育实施起到不可估量的作用，它不仅关系到审美教育的成败，更关系到教师素质的自我完善和学生的全面健康成长。所以，教师重视并提高自己的审美素养势在必行。从教学实践来看，笔者以为，教师应着重从以下几个方面加强审美修为。

一是要做一个不断提高审美理论素养和审美能力的尚美者。应该说，一个教师对美学理论了解多少、掌握深浅，会直接关系到其审美教育的成败。教师要通过学习，了解关于美和审美的一般理论；要懂得美的本质，了解各种审美对象的美学特征、审美过程等一般知识。只有这样，才能在教育教学过程中引导学生发现美、感受美、创造美，从而提高按照美的规律进行审美教育的自觉性、主动性和创造性。一个缺乏审美能力的教师，不可能有效地对学生实施美育。

法国艺术家罗丹说："美到处都有，对于我们的眼睛，不是缺少美，而是缺少发现。"教师要有一双善于发现的眼睛，更要有一颗崇尚美的心灵。只有具有尚美之心，才会自觉加强美学修养，养成较强的审美感知能力、审美鉴赏能力和审美创造能力，才会敏锐发现生活中丰富多彩的美，真切感受并努力发掘教育教学中的审美因素，并在内心孕育生成美的种子，传播给学生，培养学生的审美想象力和审美创造力，让学生的心灵成为一棵会开花的树。

二是要做一个努力追求审美性教学艺术的创造者。教学上升为审美首先要突出情感性，师生双方的教学活动是情感交流、心灵碰撞的过程，是教育者"春风化雨"、受教育者"沐浴春风"的过程；其次，要突出创造性，要有教学内容的创造，更要有方式、方法的更新，还要有教师独特的风格，使教师具有吸引学生的独特魅力；再次，要突出审美性，教学内容疏密结合，教学节奏张弛有度，教学语言亦庄亦谐等等，从而使学生得到美的享受，并且在审美的享受中提高学生感受美、鉴赏美的能力。

审美性教学艺术要求教师要娴熟地运用综合的教学技能技巧，按照美的规律进行具有独创性的教学实践。赞可夫说："人具有一种欣赏美和创造美的深刻而强烈的需要。"教师的工作是创造性的工作，在教学中，教师绝不能照本宣科，应追求具有魅力的教学艺术。教学有无审美创造力是衡量教师是"教书匠"还是"教育家"的重要标准之一，没有审美创造力的教师，其教学就无艺术可言，也就不会是成功的教学。

檀传宝教授说："美学是未来的教育学。"在教学中，教师如能从美育的角度去看课程，努力赋予教学一种创造之美、生命之美，就可以凭借课程自身的美和创造的美来温润学生心灵，滋养学生生命；同时教师自己也会在发现美、表现美、创造美的过程中体验生命的快乐与职业的幸福。

## 珍视课堂　珍视生命
——淄博七中构建绿色和谐课堂纪实

2012年早春，新学期伊始，乍暖还寒，淄博七中的校园内便呈现出一派生机勃勃的景象。经过一个冬天的酝酿和探索，淄博七中"构建绿色和谐课堂"活动正在有序进行。每一个七中人都不会忘记，学校的这一活动是伴随着袁健校长新年前在全体教职员工大会上的讲话而拉开序幕的。在讲话中，袁校长掷地有声的话语震撼着每一位教职员工的心——

教育的本质就是培养人……

学生需要什么，我们就应该教会他什么，让他们的人生更加丰富多彩……

我们要本着对学生负责、对家长负责、对未来负责的精神，提高自身素质，提高工作效率，提高学习效率，提高课堂效率……

袁校长讲话的内容直接指向了新课程的核心理念——为了每一个学生的成才发展，这也是这所淄博名校一贯坚持的办学理念和宗旨。在全面实施素质教育、深入推进课堂教学改革的今天，袁校长思考最多的就是教育的使命与责任：教育是培养人的事业，要把教育的价值落实到每一个学生、每一个教师，亦即落实到每一个生命个体；要建立起注重学生生命发展的教学价值观；要让课堂成为学生生命先屈的绿洲，让学校成为师生共同成长的沃土。由此，学校提出了"珍视课堂，就是珍视生命"的课改口号。

## 思想先行

"国运兴衰，系于教育；教育成败，系于教师。"淄博七中领导清醒地认识到，"构建绿色和谐课堂"活动能否顺利进行并取得成效，关键在于教师观念的变化。为此学校让思想先行，首先对全校教职工进行培训，以转变教职工观念，建设一支精良的教师队伍。培训中，学校倡导教师要做到"六个学会"：

一是要学会解放自己的头脑。在应试教育机制下，教师的头脑成了填充教材和教参的"容器"，对教材教参过于迷信，对程式化教学模式过于迷信，没有自己独立的见解，因此，大部分教师的思想与个性缺失。学会解放自己的头脑，就是要求教师转变观念，挣脱教材和各种旧思想的束缚，培养自己的创新意识，走出新路子。

二是要学会解放自己的双手。长期以来，传统的手写教案几乎是教师的一种重复机械运动，这种教案没有教师的更新和创造，根本不能有效地指导教学。学会解放自己的双手，就是要求教师用"心"备课，因材设计教案、学案，有的放矢地进行有差别的教学设计，使每个学生都能扬长避短，获得最佳发展。

三是要学会解放自己的眼睛。学会解放自己的眼睛就是要求教师关注每一位学生身心发展的需要，真正理解"人人学有价值的知识，人人都能获得必要的知识，不同的人在学习上得到不同的发展"；认识到在未来社会中，获取知识的能力比获取知识本身更重要，获取信息的方法比获取信息本身更关键；要求教师在进行测试时要注重对知识、素质、创新能力的考察，在看分数的同时，更应注重学生的发展潜能。

四是要学会解放自己的嘴巴。杜威说："教育并不是一件告诉和被告知的事情，而是一个主动的和建设性的过程。"传统的教学是以教师为中心，以灌输为途径，教师的嘴巴是灌输知识的工具。学会解放自己的嘴巴，就是要求教师从传统的方式中解脱出来，变"带着知识走向学生"为"带着学生走向知识"，实现由"知识传授者向学生学习促进者的角色转变"，从而达到"教是为了不教"的目的。

五是要学会解放自己的空间。"问渠那得清如许，为有源头活水来"，教师要多聆听窗外的声音，要超越习惯和经验的束缚，走出书本，走出课堂，走入社会，走向大自然；要敢于对现有的课本进行改编、增加或删减，以丰富教材；要吸取先进的教育教学理论经验，以丰富自己。

六是要学会解放自己的时间。长期以来，教师负担过重，劳动强度过大已成为不争的事实，教师没有时间思考，没有时间潜心研究教学，以至于教师的创造力几乎消失殆尽。学会解放自己的时间，就是要求教师从繁忙的业务圈子里跳出来，阅读书刊、浏览网络，欣赏教育之河中激起的一朵朵浪花，采撷教育之树结出的一个个果子，在阅读中提升品位、增强人格魅力，使教师真正成为学生思想的引领者、灵魂的塑造者。

### 实践探索

在新课程理念的指导下，淄博七中课堂教学焕发了新的活力，呈现出新的气象，"构建绿色和谐课堂活动"实实在在进入了探索和实践层面——以创建"师生成长共同体"为理念，以"学案导学"为统领，以"三课型五环节"为基础，在不断探索与实践中形成具有自己特色的课堂教学模式。

一、绿色和谐课堂的内涵

"绿色和谐"课堂是全面、和谐的，课堂突出面向全体学生，通过构建新型的师生关系，营造全面关怀的教育氛围，从而促进学生认知与情感的全面和谐发展;"绿色和谐"课堂是开放、民主的，强调通过开放学习时空、学习环境、学习内容和学生的学习心态等，让学生在更广阔的环境中学习，培养学生良好的学习品质与心理品德;"绿色和谐"课堂是自然、人性的，强调教育因人而异，自主学习、积极参与、合作探究，培养人性的和谐发展;"绿色和谐"课堂是生动、活泼的，从而使学生学会学习，学会创造，促进学生全面和谐发展。

二、构建绿色和谐课堂的过程管理

1. 加强集体备课和个人备课，提高备课的科学性和有效性。集体备课和个人备课中，克服只备知识、不备学生活动的情况，把课堂教学活动设计作为备课的重点;进一步把集体备课作为课题，研究如何科学有效地进行集体备课，通过对集体备课模式的探索与实践，解决长期以来在集体备课中存在的科学性不够和实效性不强的问题。

2. 探索"归理式"学案教学模式，让课堂向更高层次出发。与以往重在练习的学案不同，"归理式"学案重在知识的理解与总结、规律和思想方法的探讨与应用。以此引领学生的自主学习，真正落实小组合作学习，让课堂向更高的层次迈进。

3. 深入实施小组合作学习，提高学生自主学习能力。小组合作学习将大班制变成了小班化，能让每位学生都能得到应有的关注，都有个性化的交流机会，使每个层面的学生都能得到充分的发展。同时，在具体指导学生的过程中，教师的自身素质也得到提高。通过因材施教，课内课外互补，师生教育方式更加多元，为师生共同成长创造环境和条件，实现了班主任、任课教师发展与学生发展的双赢。

4. 加强考试管理，优化编题卷机制。根据市教研室的要求，坚持按考点、难度系数选题，坚持按双向细目表编制试卷，落实编、审、评、奖一体化管理。细致规划教学质量阶段性检测与推进工作，充分发挥考试数据的诊断作用，构建起以"大数据"分析为基础的教学质量评价体系，及时查摆问题，促进课堂教学的改进与学校教育教学的科学发展。

5. 实施全员育人导师制，加强师生交流，引导学生规划学习。在全员育人导师制的教学管理中，指导教师经常和所指导小组内的学生交流，利用家校通等与家长共同做好教育工作；以小组的形式对学生自主时间进行统筹规划，引导学生科学合理地管理自己的时间。全员育人导师制由学校包办式管理向学校、社会、家庭协作式管理转变，引导学生学会规划学习，规划人生。

三、构建绿色和谐课堂的激励机制

1. 巩固课堂教学改革成果，促进教学效率提高。一是开展优质课评选活动。学校优质课评选分学科分阶段举行，目的是全力推行学案导学教学模式，提高中青年教师的专业水平，着力打造高效课堂。二是举办"教育教学工作研讨会"。对教育教学研究成果进行总结表彰奖励。三是注重反思养成，推广校本教研成果。教学校刊《教研视线》《校本教研文集》《教学微技能提升文集》，为教师间的交流借鉴，改进课堂提高效率，促进专业发展搭建了平台。

2. 合理运用课堂激励机制，促进学生全面发展。一是以发展性评价激励学生，二是以情境激励学生，三是以设疑激励学生，四是以探究激励学生，五是以成功激励学生。课堂激励机制会不断增强学生的学习动力、学习热情和学习信心，激励学生向更高的目标奋进。

## 自觉达标

在不断地探索与实践的过程中，淄博七中课堂教学在不断地优化、不断地超越并提出了"让绿色和谐课堂成为常态课"的奋斗目标，可喜的是教师们已把这一目标内化为自觉的行动，从自身做起，从点点滴滴做起，把打造高效课堂活动渗透到工作的每一个环节，渗透到生命的每一天——

1. 让团队意识成为自觉

良好的团队意识是教师队伍健康发展、充满生命活力的一个重要标志，为此，淄博七中开展了创建"温馨和谐备课组"活动。这一活动使每一个备课组团结得更紧密、凝聚得更有力；备课组变成了一支温馨和谐、平等友爱、充满无穷力量的队伍，资源共享、互通有无，中老年教师的经验和作风与青年教师的热情和活力互补，形成了以老带新、以新促老的良好局面，为教师智慧和才能的发挥创造了机会和条件，为师生成功成才搭建了平台。

2. 让先周备课成为自觉

备课的质量直接影响课堂教学的质量，没有充分的课前准备，就不会有高效的课堂教学效果。在"构建绿色和谐课堂"活动中，淄博七中更加重视落实先周备课制度，采取集体备课和个人备课相结合的方式，既提倡资源共享，又注重突出个人特色。目前，这一制度已成了教师的自觉行动，真正发挥了"同伴互助"作用。

3. 让分层教学成为自觉

高效课堂需要教师树立分层教学的意识。从淄博七中教师布置作业和编写学案方面，可见他们已树立了较强的分层教学意识。在布置作业时，教师充分考虑不同学生的学习水平，做到布置启发性、思考性的作业，布置可选择性、有层次性的作业，布置实践性、研究性的作业，给每个学生留有充分自主发展的余地。在学案编写上，教师根据不同学生的学习实际分层要求、分层设计，以供学生选择，实现因材施教。

4. 让校本教研成为自觉

2011年淄博七中就从学校实际出发，确立了"推行合作教学　提升学校教育品质的研究与实验"的校本教研课题，建立了一系列评价体系，促进了教师参与校本教研行为从被动走向自觉，促进了教师的发展，取得了较好的效果。

如今，实验教师根据各学科特点，结合学校"构建绿色和谐课堂"活动制定了一系列有利于学生学习习惯养成的措施，促进学生会听、会思、会问、会说，调动了学生参与课堂的积极性和有效性。同时，在课题的研究与实践中，创建了"师生成长共同体"。在"构建绿色和谐课堂"活动中，"师生成长共同体"正在进一步发展与完善，师生互动、情感交融、共同创造、共同提升生命价值的目标得以逐步实现。

## 附录

# 心灵底片

　　我有一张非常珍贵的照片，是一位怀抱幼童的年轻女士与两个稚嫩的学生的合影，照片的背景是我的母校山东省淄博第七中学校园一角，照片中年轻的女士就是我们敬爱的崔美芳老师。这张照片摄于1995年，那时崔老师正好教我们。转眼间离开母校已经24年了，岁月见证了崔老师在淄博七中的付出与成长、耕耘与收获。

　　在崔老师的著作付梓之际，接到老师的电话，让我为书的出版写点东西，我非常高兴，更为之骄傲。崔老师把近30年教书育人的经验整理出版，这既是老师这么多年教育教学智慧的结晶，更是惠及他人、后辈人的重要的教育教学资源。崔老师桃李满天下，让我写点东西，我既感到荣耀又感到惶恐。荣耀的是虽然二十多年来我们很少见面，但崔老师没有忘记我；惶恐的是语文水平一般的我怕有负所托，但真情所在，便欣然提笔。

　　崔老师是我见过的最认真、最乐于学习的老师。教我们时，她刚刚休完产假重返讲台，上课时，她有一句口头语："是吧？"当我们把这个问题提出来告诉她后，崔老师义无反顾地买了一台微型录音机，把授课内容全部录下来，课后她不断地听、不停地改，反复磨炼自己的课堂语言，仅仅三天时间，那句"是吧？"的口头语就再也没有出现在课堂上。（后来得知，那台微型录音机花去了老师整整一个月的工资。）

　　崔老师的语文教学教出了自己的态度，教出了语文的味道。在语文课堂教学过程中她注重找准"切口"，深入"开掘"，提升学生的学习能力。阅读教学是语文教学的一大难点，她通过文本细读，让学生触摸语文之美，培养学生的阅读情怀；写作是语文教学的另一难点，她让学生走出固有的模式，"扬起思维的风帆"，培养学生的创新写作能力。崔老师语文专业知识深厚，知识面广，讲课生动有趣，富有感染力，在崔老师的课堂上，我们感受到了语文的美和语文学习的快乐，语文也成为陪伴我们一生的优美语言。

崔老师既是良师，更是益友。不管是在母校当学生时，还是现在身处他乡，崔老师都能分享我们的快乐，分担我们的忧愁。她总是说学生就是她生活的海洋，学生就是她的爱。"'精神'导师"展现了崔老师和学生之间深深的情谊，谱写了师生永恒的爱的乐章。是啊，用爱、用精神浇灌的种子哪有不生根发芽长成参天大树的！

崔老师不仅关注学生的成长发展，也关注自己的专业成长。一个成功的老师，应该是一个善于总结与反思的老师。在繁重的教学工作之余，崔老师孜孜以求，从"'诗意'成长""点亮心灯"中，我们可以看到她不仅积极参加研修学习，更注重反思与实践，做到教学相长。现在她已经是正高级教师、山东省特级教师、淄博市有突出贡献的中青年专家、淄博市首批名师工作室（高中语文）主持人和山东理工大学课程特聘教授，真正做到了教学相长，在诗意的职业追求中收获了职业幸福。

一首好歌，能催人奋进；一幅好画，能陶冶情操；一句良言，能净化心灵；一个好教师，能让学生受益终生。"教育者，养成人格之事业也。"崔老师通过她的言传身教，影响着我们，激励着我们。

《岁月留痕　心向阳光——拥有一颗教师的心》这本书虽然只有几章，相信捧读它的人定会从中获益良多。

厦门大学社会与人类学院副教授：唐美玲

2019 年 1 月于美国密苏里大学